한 권으로 끝내는 초등 영단어 따라쓰기

Happy House

한 권으로 끝내는
초등 영단어 따라쓰기

지은이 유현정
펴낸이 정규도
펴낸곳 Happy House

초판 1쇄 발행 2021년 5월 3일
초판 2쇄 발행 2022년 5월 31일

편집총괄 허윤영
책임편집 김은혜
디자인 하태호
일러스트 김영진
전산편집 페이지트리

다락원 경기도 파주시 문발로 211
내용문의: (02)736-2031 내선 522
구입문의: (02)736-2031 내선 250~251
Fax: (02)732-2037
출판등록 1977년 9월 16일 제406-2008-000007호

값 13,800원

ISBN 978-89-277-0138-5 63740

www.ihappyhouse.co.kr
*Happy House는 다락원의 임프린트입니다.

스토리를 읽고 따라쓰는 초등 필수 영단어 800

한 권으로 끝내는 초등 영단어 따라쓰기

Essential Words!

fun

유현정 지음

Happy House

영단어가 저절로 떠올라요!

안녕하세요, 여러분! 이 책을 쓴 유현정이에요. 〈초등 영어 표현력 사전〉이 나온 후에 많은 독자들이 영단어만 모아서 공부할 수 있는 책을 원해서 쓰게 된 것이 바로 이 〈한 권으로 끝내는 초등 영단어 따라쓰기〉입니다.

영어를 샤프라고 생각해 보세요. 샤프 본체가 영어 문법이라면, 샤프심은 영단어라고 할 수 있어요. 샤프심 없이 샤프만 있다면 아무 의미가 없겠죠. 즉, 아무리 문법을 잘 알아도 단어를 모르면 문장을 만들지도 못하고 상대방이 무슨 말을 하는지도 알아들을 수 없습니다. 또 문장을 해석하지 못해서 글도 읽을 수 없을 거예요. 그래서 영어를 배울 때는 단어를 아는 것이 무척 중요해요. 하지만 단어를 무작정 외우는 것으로는 머릿속에 잘 남지도 않고 힘만 듭니다. 그래서 이 책에서는 단어가 들어간 스토리를 보고 장면을 떠올리게끔 했어요. 단어를 스토리와 그림을 보고 함께 외우면 더 효과적으로 외울 수 있고, 오래도록 기억할 수 있습니다. 여러분은 이제 이 책에 나온 스토리를 여러 번 읽고 단어와 함께 떠올리기만 하면 됩니다.

〈초등 영어 표현력 사전〉을 본 독자들의 응원과 사랑에 감동을 받아 이 책도 열심히 썼습니다. 많은 어린이들이 이 책으로 단어 실력이 쑥쑥 늘어서 저와 영어로 대화하는 날이 오기를 기대할게요.

캐나다 위니펙에서

유현정

나의 공부 다짐

나는

할 거예요.

공부 시작일   년   월   일

공부 완료일   년   월   일

공부를 마치면 색칠하세요

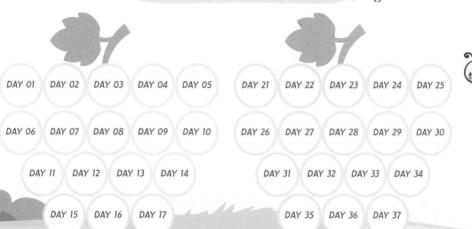

| DAY 01 | DAY 02 | DAY 03 | DAY 04 | DAY 05 | | DAY 21 | DAY 22 | DAY 23 | DAY 24 | DAY 25 |

DAY 06 DAY 07 DAY 08 DAY 09 DAY 10   DAY 26 DAY 27 DAY 28 DAY 29 DAY 30

DAY 11 DAY 12 DAY 13 DAY 14   DAY 31 DAY 32 DAY 33 DAY 34

DAY 15 DAY 16 DAY 17   DAY 35 DAY 36 DAY 37

DAY 18 DAY 19   DAY 38 DAY 39

DAY 20   DAY 40

DAY 41 DAY 42 DAY 43 DAY 44 DAY 45   DAY 61 DAY 62 DAY 63 DAY 64 DAY 65

DAY 46 DAY 47 DAY 48 DAY 49 DAY 50   DAY 66 DAY 67 DAY 68 DAY 69 DAY 70

DAY 51 DAY 52 DAY 53 DAY 54   DAY 71 DAY 72 DAY 73 DAY 74

DAY 55 DAY 56 DAY 57   DAY 75 DAY 76 DAY 77

DAY 58 DAY 59   DAY 78 DAY 79

DAY 60   DAY 80

이렇게 쓰세요

교육부 지정 필수
영단어 800개를
스토리로 읽어요

초등학교 영어 교과서 권장 어휘 800개를 개성 넘치는 스토리에 녹여냈습니다. 그냥 단어만 외우는 것보다 스토리를 상상하며 읽으면 훨씬 암기가 잘 되고 오래 기억에 남아요. 단어의 뜻을 추측하면서 스토리를 읽으면 더 잘 기억할 수 있을 거예요.

 DAY 30 두근두근, 공장 견학 〔견학〕

▽ 영어 단어의 뜻을 상상하며 이야기를 읽어 보세요.

 친구들과 음료수를 만드는 **factory**에 **field trip**을 갔다. 공장에는 책에서만 보던 커다란 **machine**이 있었다. 이런 것을 실제로 보니 신기했다. 기계를 움직이게 하는 **engine**도 구경했다. 공장의 **staff** 아저씨는 **safe**한 작업을 위해 안전모를 쓰고 우리의 **tour**를 **guide**해 주셨고, 나중에 **science**를 배우면 기계를 더 잘 이해할 수 있다고 하셨다. 어떻게 음료수가 만들어지는지 설명을 듣고 차례대로 **exit**로 나왔다. 돌아갈 때 음료수를 한 개씩 주셔서 참 좋았다.

 DAY 28 네 필통에는 뭐가 있니? 〔학용품〕

▽ 영어 단어의 뜻을 상상하며 이야기를 읽어 보세요.

콰당! 으악! 친구와 장난을 치다가 책상을 쳐서 넘어뜨렸다. 책상 위에 있던 **textbook**과 **notebook**, **pencil case**가 바닥으로 와르르 쏟아졌다. 글자를 쓰는 **pencil**, 그걸 지우는 **eraser**, 종이를 자르는 **scissors**, 그걸 붙이는 **glue**, 이따가 먹으려던 **candy**까지 몽땅 다 쏟아져서 자리가 엉망이 됐다. 수업 종이 울려 **clock**를 보니 곧 수업이 **begin**할 것 같다! 얼른 치워야지!

발음을 듣고,
따라쓰며 익혀요

원어민 선생님의 정확한 발음을 듣고, 매일 한 장씩 쓱쓱 따라쓰면 초등 필수 영단어를 완벽하게 익힐 수 있어요.

textbook ....
교과서

notebook ....
공책

pencil case ....
필통

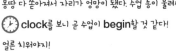

▶ pencil(연필) + case(통) ⇨ pencil case(필통)

 QR코드를 찍어서 MP3를 바로 들어 보세요! 해피하우스 홈페이지에서도 무료로 다운로드할 수 있어요.

ihappyhouse.co.kr

mother

mom

어머니 / 엄마

parents

부모님

daughter

딸

▶ gh는 발음되지 않아요. 발음이 어려우니 mp3를 꼭 들어 보세요!

son

아들

sister

여자 형제

▶ 언니, 누나, 여동생 모두 sister!

brother

남자 형제

▶ 오빠, 형, 남동생 모두 brother!

best

최고인

13

콕콕!
친절한 설명으로
혼자서도 쉽게
공부해요

곳곳에 단어와 관련된 문법이나 표현을 정리해둔 팁이 있어요. 공부하다가 궁금증이 생길 때 읽어 보면 좋아요.

그림과 리뷰로
배운 것을
다시 확인해요

스토리를 다시 읽으면서 영단어의 뜻을 떠올리는 훈련입니다. 그림을 보면 스토리와 단어의 뜻을 짐작할 수 있어요.

Day 32 말로 이겨볼까? 토론수업

오늘 토론할 주제   은 "교내에서 일회용품 사용을 금지하자"였다. 선생님께서 먼저

여러 사례   를 보여 주신 후 두 개로 편을 나누고   , 서로 질문하고

대답   를 했다. 나는 이런 토론   가 처음이라 긴장했다.

모두가   일회용품 사용과 환경 문제에 대해 자신의 생각   를 말하고

친구들과 서로 토론했다   . 나는 환경을 보호하는 것은

중요한   일이라고 생각하기 때문에 일회용품을

줄이는 활동에 찬성하는   의견을 말했다.

91

일러두기   이 책의 스토리는 영단어 암기를 돕기 위한 것입니다. 한국어와 영어는 문법이 다르기 때문에 어색한 부분이 있을 수 있습니다. 영단어의 뜻은 따라쓰기 부분에서 확인해 주세요. 영단어의 발음에 한국어 조사를 맞추었으니 참고 바랍니다.

★ CONTENTS ★

Chapter 01

DAY 01 가족 · 12

DAY 02 친척 · 14

DAY 03 반려동물 · 16

DAY 04 얼굴 1 · 18

REVIEW 01~04 · 20

DAY 05 얼굴 2 · 22

DAY 06 외모 · 24

DAY 07 몸 · 26

DAY 08 몸 상태 · 28

REVIEW 05~08 · 30

DAY 09 자기소개 · 32

DAY 10 생일 · 34

DAY 11 인사 · 36

DAY 12 친구관계 · 38

REVIEW 09~12 · 40

DAY 13 성격 · 42

DAY 14 집 · 44

DAY 15 집안일 · 46

DAY 16 내 방 · 48

REVIEW 13~16 · 50

DAY 17 동물 1 · 52

DAY 18 동물 2 · 54

DAY 19 농장 1 · 56

DAY 20 농장 2 · 58

REVIEW 17~20 · 60

DAY 21 바다 · 62

DAY 22 하늘과 땅 · 64

DAY 23 날짜 · 66

DAY 24 요일 · 68

REVIEW 21~24 · 70

DAY 25 날씨 · 72

DAY 26 아침 시간 · 74

DAY 27 학교 · 76

DAY 28 학용품 · 78

REVIEW 25~28 · 80

DAY 29 과목 · 82

DAY 30 견학 · 84

DAY 31 시험공부 · 86

DAY 32 토론 수업 · 88

REVIEW 29~32 · 90

DAY 33 반대말 · 92

DAY 34 미술 시간 · 94

DAY 35 체육 시간 · 96

DAY 36 숙제 · 98

REVIEW 33~36 · 100

DAY 37 운동회 · 102

DAY 38 방학 계획 · 104

DAY 39 위치와 방향 · 106

DAY 40 교통수단 · 108

REVIEW 37~40 · 110

Chapter 02

DAY 41   쇼핑 · 114

DAY 42   감각 · 116

DAY 43   취미 1 · 118

DAY 44   취미 2 · 120

REVIEW 41~44 · 122

DAY 45   장난감 · 124

DAY 46   옷 · 126

DAY 47   요리 1 · 128

DAY 48   요리 2 · 130

REVIEW 45~48 · 132

DAY 49   식사와 맛 · 134

DAY 50   식습관 · 136

DAY 51   손님 맞이 · 138

DAY 52   잘못과 사과 · 140

REVIEW 49~52 · 142

DAY 53   사람의 성장 1 · 144

DAY 54   사람의 성장 2 · 146

DAY 55   운동 · 148

DAY 56   운동 경기 관람 · 150

REVIEW 53~56 · 152

DAY 57   동화 · 154

DAY 58   공항과 여행 · 156

DAY 59   직업 · 158

DAY 60   말하기 · 160

REVIEW 57~60 · 162

DAY 61   길 찾기 · 164

DAY 62   병원 · 166

DAY 63   모험 · 168

DAY 64   과일 · 170

REVIEW 61~64 · 172

DAY 65   꿈 1 · 174

DAY 66   꿈 2 · 176

DAY 67   색깔 · 178

DAY 68   심부름 · 180

REVIEW 65~68 · 182

DAY 69   규칙 · 184

DAY 70   숫자 1 · 186

DAY 71   숫자 2 · 188

DAY 72   저축 · 190

REVIEW 69~72 · 192

DAY 73   사고 · 194

DAY 74   시간 · 196

DAY 75   사회와 나라 · 198

DAY 76   왕국 · 200

REVIEW 73~76 · 202

DAY 77   회사 생활 · 204

DAY 78   결혼 · 206

DAY 79   종교와 우주 · 208

DAY 80   쓰면서 익혀요 · 210

REVIEW 77~79 · 212

찾아보기 · 214

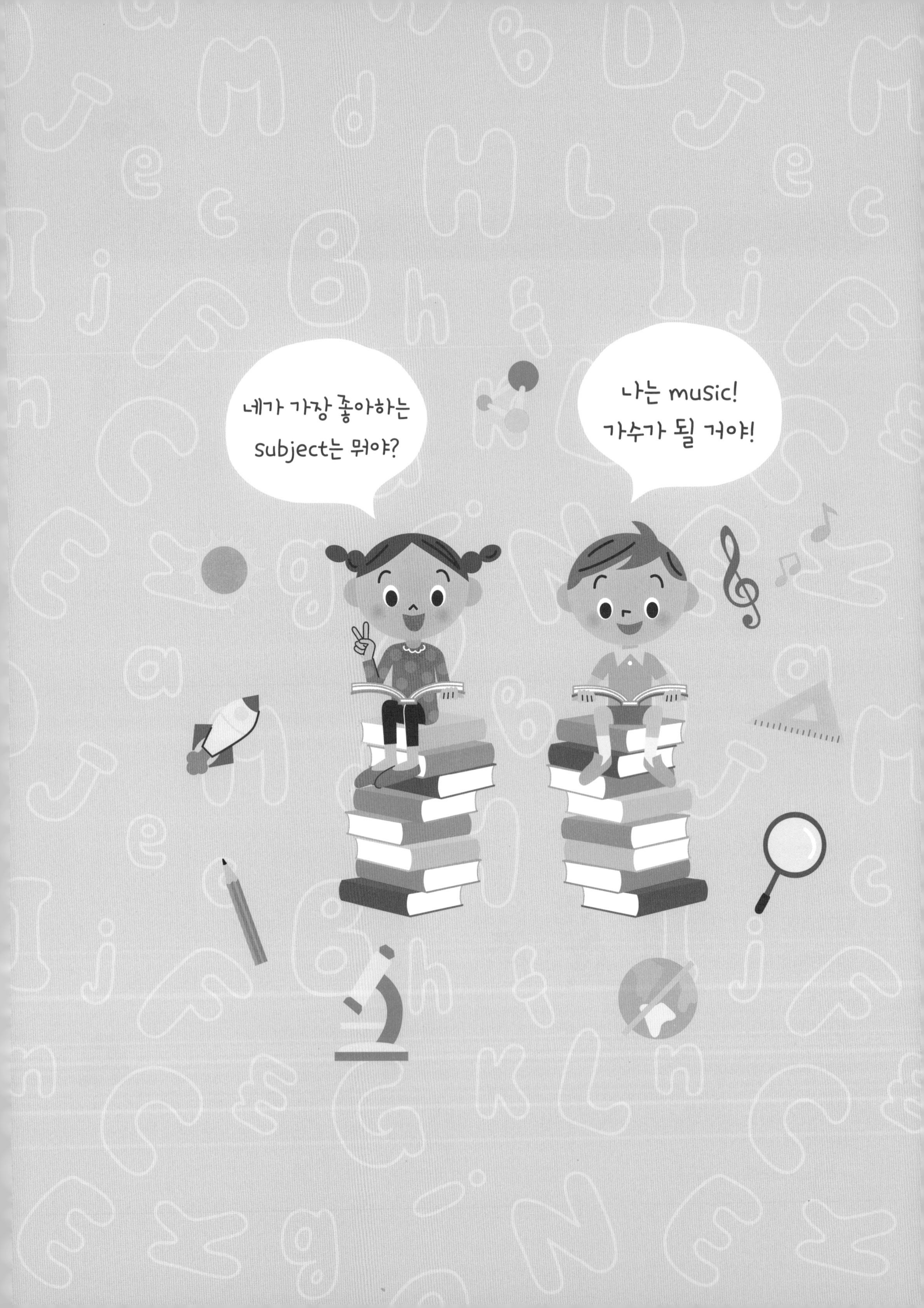
네가 가장 좋아하는
subject는 뭐야?
나는 music!
가수가 될 거야!

Chapter 01

우리 가족은 여섯 명

가족

🎧 mp3

▽ 영어 단어의 뜻을 상상하며 이야기를 읽어 보세요.

우리 **family**를 소개해 볼까. 우리 **dad**는 나랑 **nose**가 똑같이 생겼다.

우리 **mom**의 목소리는 성우처럼 멋지다. 나는 **parents**께 자랑스러운

daughter/son이 되고 싶다. 내 밑으로는 나보다 두 살 어린 **sister**와

일곱 살 어린 **brother**가 있다. 강아지 감자까지 모두 여섯 식구! 가끔

다투기도 하지만 그래도 우리 가족이 **best**다!

우리집 막내 감자!

family

가족

family

father
dad

아버지 / 아빠

father

dad

nose

코

nose

mother
mom
어머니 / 엄마

mother

mom

parents
부모(님)

parents

▶ 엄마나 아빠 한 명은 parent라고 해요.

daughter
딸

daughter

▶ gh는 발음하지 않아요. 발음이 어려우니 mp3를 꼭 들어 보세요!

son
아들

son

sister
여자 형제

sister

▶ 언니, 누나, 여동생 모두 sister!

brother
남자 형제

brother

▶ 오빠, 형, 남동생 모두 brother!

best
최고인

best

우리 할머니, 할아버지

친척

🎧 mp3

▽ 영어 단어의 뜻을 상상하며 이야기를 읽어 보세요.

주말에 우리 가족은 grandmother와 grandfather의 집에 놀러 갔다.

근처에 사는 uncle과 aunt도 놀러 오셨다. 삼촌은 두 명의 children과 강아지

한 마리도 care. 내 cousin들은 네 살, 여섯 살인데 they는 아주 시끄럽게

논다. 우리 부모님은 오랜만에 만난 niece와

nephew에게 용돈을 주셨다. 모두 모여 마당에서

고기를 구워 먹었는데 아주 맛있었다.

맛있네~

grandmother

grandmother

할머니

▶ grandma라고 줄여서도 말해요.

grandfather

grandfather

할아버지

▶ grandpa라고 줄여서도 말해요.

uncle

uncle

삼촌

14

aunt

이모 / 고모

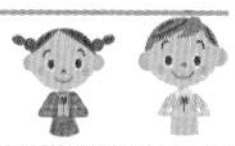

aunt

children

아이들

children

care

돌보다

care

cousin

사촌

cousin

they

그들(은), 그들이

they

niece

여자 조카

niece

nephew

남자 조카

nephew

우리 집 동물 친구들!

반려동물

🎧 mp3

▽ 영어 단어의 뜻을 상상하며 이야기를 읽어 보세요.

우리 집에는 여러 종류의 **pet**이 있다. 멍멍 **dog**, 어항 속을 헤엄치는 **goldfish**, 그리고 예쁜 목소리를 가진 **bird**까지. 내가 집에 오면 우리 개는 **floor**에 누워서 **tail**을 흔들며 나를 반긴다. 우리 개가 **puppy**일 때부터 나와 함께 **park**에서 **walk**. 사실 누나는 도도한 **cat**도 키우고 싶어 한다. 하지만 이미 반려동물이 너무 많아서 부모님이 허락 안 하실 것 같다.

형 왔다!

멍!

pet

반려동물

pet

dog

개

dog

goldfish

금붕어

goldfish

bird
새

bird

floor
바닥

floor

tail
꼬리

tail

puppy
강아지

puppy

park
공원

park

walk
걷다 / 산책하다

walk

cat
고양이

cat

▶ 아기 고양이는 kitten이라고 해요.

DAY 04 새로운 담임 선생님 얼굴 1

🎧 mp3

▽ 영어 단어의 뜻을 상상하며 이야기를 읽어 보세요.

오늘은 새 학년 첫 날! 새 담임선생님을 빨리 만나려고 뛰어왔더니 내 **cheek**가 빨갛게 달아올랐다. 나는 선생님의 목소리를 잘 들으려고 **ear**를 쫑긋 세웠다. 담임선생님은 **face**가 동그랗고, 넓은 **forehead**가 반짝이는 분이셨다. 멀리서도 **head**가 보일 정도로 키도 크고, 하얀 **skin**에 곱슬곱슬한 **hair**, 그린 것처럼 진한 **eyebrow**도 인상적이었다. 아래**chin**에는 삼각형 모양 점이 있고, **arm**에도 큰 점이 있었다.

여러분 안녕~

안녕하세요~

cheek

볼, 뺨

ear

귀

face

얼굴

18

forehead
이마

forehead

head
머리

head

skin
피부

skin

hair
머리카락

hair

eyebrow
눈썹

eyebrow

chin
턱

chin

arm
팔

arm

REVIEW 빈 칸에 영어 단어를 써 보세요.

Day 01 우리 가족은 여섯 명   가족

우리 [가족]　　　　　　　　를 소개해 볼까. 우리 [아빠]　　　는 나랑 [코]　　　가 똑같이

생겼다. 우리 [엄마]　　　의 목소리는 성우처럼 멋지다. 나는 [부모님]　　　　　　　께

자랑스러운 [딸/아들]　　　　　　　　　　　이 되고 싶다. 내 밑으로는 나보다 두 살

어린 [여동생]　　　와 일곱 살 어린 [남동생]　　　　　　　가 있다.

강아지 감자까지 모두 여섯 식구! 가끔 다투기도 하지만

그래도 우리 가족이 최고다!

Day 02 우리 할머니, 할아버지   친척

주말에 우리 가족은 [할머니]　　　와 [할아버지]　　　　　　의 집에 놀러 갔다.

근처에 사는 [삼촌]　　　과 [이모]　　　도 놀러 오셨다. 삼촌은 두 명의

[아이들]　　　과 강아지 한 마리도 [돌본다]　　　. 내 [사촌]　　　　들은

네 살, 여섯 살인데 [그들]　　　는 아주 시끄럽게 논다. 우리 부모님은 오랜만에 만난

[여자 조카]　　　와 [남자 조카]　　　에게 용돈을 주셨다.

모두 모여 마당에서 고기를 구워 먹었는데 아주 맛있었다.

20

Day 03 우리 집 동물 친구들! 반려동물

우리 집에는 여러 종류의 [반려동물] 이 있다. 멍멍 [개] , 어항 속을 헤엄치는

[금붕어] , 그리고 예쁜 목소리를 가진 [새] 까지. 내가 집에 오면 우리

개는 [바닥] 에 누워서 [꼬리] 을 흔들며 나를 반긴다. 우리 개가

[강아지] 일 때부터 나와 함께 [공원] 에서

[산책했다] . 사실 누나는 도도한 [고양이] 도

키우고 싶어 한다. 하지만 이미 반려동물이 너무 많아서

부모님이 허락 안 하실 것 같다.

Day 04 새로운 담임 선생님 얼굴 1

오늘은 새 학년 첫 날! 새 담임선생님을 빨리 만나려고 뛰어왔더니 내 [뺨] 가

빨갛게 달아올랐다. 나는 선생님의 목소리를 잘 들으려고 [귀] 를 쫑긋 세웠다.

담임선생님은 [얼굴] 가 동그랗고, 넓은 [이마] 가 반짝이는 분이셨다.

밀리서도 [머리] 기 보일 정도로 키도 크고, 하얀 [피부] 에 곱슬곱슬한

[머리카락] , 진한 [눈썹] 도 인상적이었다.

아래 [턱] 에는 삼각형 모양 점이 있고,

[팔] 에도 큰 점이 있었다.

DAY 05 치과는 괴로워 얼굴 2

🎧 mp3

▽ 영어 단어의 뜻을 상상하며 이야기를 읽어 보세요.

충치를 치료하러 **dentist**에 갔다. 무서워서 **lips**를 �꽉 **close**하고, **eyes**도

감고 누워 있었다. 의사 선생님은 나에게 **mouth**를 **open**하라고 말씀하셨다.

선생님은 부드러운 **voice**로 괜찮을 거라고 나를 위로해 주셨다. 나는 건강한

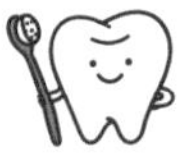

teeth를 상상하며 꾹 참았다. 너무 힘을 줘서 **jaw**가

아팠고, 다 끝난 후에도 **tongue**이 얼얼했다.

잘 참네~

양치를 잘하자!

dentist	dentist
치과 / 치과의사	

lip	lip
입술	

▶ 아랫입술과 윗입술 모두 말할 때는 lips라고 합니다.

close	close
닫다, 다물다	

22

eyes

눈

eyes

▶ 한쪽 눈은 eye라고 해요.

mouth

입

mouth

open

열다, 벌리다

open

voice

목소리

voice

teeth

이, 치아

teeth

▶ 이 한 개는 tooth라고 합니다.

jaw

턱

jaw

▶ 19p에 나왔던 chin과 같은 뜻이에요.

tongue

혀

tongue

▶ [텅]이라고 읽는데 발음이 어려우니 mp3를 듣고 따라해 보세요.

DAY 06 즐거운 인형놀이 외모

🎧 mp3

▽ 영어 단어의 뜻을 상상하며 이야기를 읽어 보세요.

지우와 나는 인형놀이를 했다. 내 인형은 지우를 닮은 빨간 양 갈래 머리 인형이고,

지우의 인형은 **cute**한 곰돌이다. 인형이 모두 **pretty**하고 **handsome**한 것

은 아니고 **ugly**한 것도 있다. 우리는 인형을 보면서 사람의 외모는 다양하다고

think. 자라면서 키가 **tall**해질 수도 있고, 키가 자라지 않아 **short**할 수도

있다. **weight**가 늘어서 **thin**했던 사람도 **fat**하게

될 수도 있다. 그래서 사람의 외모는 각자의 개성이

있다.

나   지우

cute

귀여운

cute

pretty

예쁜

pretty

handsome

잘생긴

handsome

24

ugly

못생긴

ugly

think

생각하다

think

tall

키가 큰

tall

short

키가 작은 / 짧은

short

weight

(몸)무게

weight

thin

마른

thin

fat

살이 찐

fat

체육 시간, 부상을 조심해!

몸

🎧 mp3

▽ 영어 단어의 뜻을 상상하며 이야기를 읽어 보세요.

체육 시간에 피구를 했다. 나는 공을 막으려다가 **hand**와 **neck**을 **hurt**.

보건 선생님께서 내 **finger**에 붕대를 감아 주셨다. 다행히 **bone**에는

이상이 없었다. 잠시 후에 우리 반 찬호도 **leg**와 **foot**을 다쳐서 보건실에 왔다.

찬호는 공을 맞아 다리에서 💧 **blood**가 났다.

피를 보니 무서워서 내 **heart**가 막 뛰었다. 운동을

하다가 **body**를 다치지 않도록 조심해야지!

hand

손

neck

목

hurt

다치다 / 아프다

26

finger
손가락

finger

bone
뼈

bone

leg
다리

leg

foot
발(한 쪽)

foot

▶ 두 발은 feet이라고 해요.

blood
피

blood

heart
심장

heart

▶ '마음'이라는 뜻도 있어요.

body
몸

body

DAY 08

놀고 나면 피곤해!

몸 상태

▽ 영어 단어의 뜻을 상상하며 이야기를 읽어 보세요.

어제 전학 온 **new** 친구와 길 **across** 공원에서 공을 던지고 **catch**하면서

놀았다. 만난 지 얼마 안 됐지만 우리는 금방 친해져서 **great**한 시간을 보냈다.

한참 땀을 흘리고 놀았더니 **thirsty**하고 **hungry**해서 집으로 돌아왔다. **too**

신나게 놀았는지 몸 상태가 **bad**해서 밥을 먹고

따뜻한 물로 **bath**를 했더니 몸이 풀렸다.

벌써 내일 **again** 놀고 싶다.

내일 또 놀아야지~

new

new

새로운

across

across

건너편에

catch

catch

잡다

great

정말 좋은, 멋진

great

thirsty

목마른

thirsty

hungry

배고픈

hungry

too

너무

too

bad

나쁜

bad

bath

목욕

bath

▶ 욕조는 bathtub이라고 해요.

again

다시, 또

again

Day 05 치과는 괴로워 ^{얼굴 2}

충치를 치료하러 [치과]   에 갔다. 무서워서 [입술]   를 꽉 [다물고]   ,

[눈]   도 감고 누워 있었다. 의사 선생님은 나에게 [입]   를

[벌리세요]   라고 말씀하셨다. 선생님은 부드러운 [목소리]   로 괜찮을 거라고

나를 위로해 주셨다. 나는 건강한 [이]   를 상상하며

꾹 참았다. 너무 힘을 줘서 [턱]   가 아팠고, 다 끝난

후에도 [혀]   이 얼얼했다.

Day 06 즐거운 인형놀이 ^{외모}

지우와 나는 인형놀이를 했다. 내 인형은 지우를 닮은 빨간 양 갈래 머리 인형이고, 지우의

인형은 [귀여운]   곰돌이다. 인형이 모두 [예쁘고]   [잘생긴]   것은

아니고 [못생긴]   것도 있다. 우리는 인형을 보면서 사람의 외모는 다양하다고

[생각했다]   . 자라면서 키가 [커질]   수도 있고, 키가 자라지 않아

[작을]   수도 있다. [몸무게]   가 늘어서 [말랐던]

사람도 [살이 찌게]   될 수도 있다. 그래서 사람의 외모는 각자의

개성이 있다.

Day 07 체육 시간, 부상을 조심해! 몸

체육 시간에 피구를 했다. 나는 공을 막으려다가 [손] 와 [목] 을

[다쳤다] . 보건 선생님께서 내 [손가락] 에 붕대를 감아 주셨다. 다행히

[뼈] 에는 이상이 없었다. 잠시 후에 우리 반 찬호도 [다리] 와

[발] 을 다쳐서 보건실에 왔다. 찬호는 공을 맞아 다리에서 [피] 가

났다. 피를 보니 무서워서 내 [심장] 가 막 뛰었다.

운동을 하다가 [몸] 를 다치지 않도록 조심해야지!

Day 08 놀고 나면 피곤해! 몸 상태

어제 전학 온 [새] 친구와 길 [건너] 공원에서 공을 던지고 [잡으면서]

놀았다. 만난 지 얼마 안 됐지만 우리는 금방 친해져서 [좋은] 시간을 보냈다.

한참 땀을 흘리고 놀았더니 [목도 마르고] [배도 고파서] 집으로 돌아왔다.

[너무] 신나게 놀았는지 몸 상태가 [나빠서]

밥을 먹고 따뜻한 물로 [목욕] 를 했더니 몸이 풀렸다.

벌써 내일 [또] 놀고 싶다.

▽ 영어 단어의 뜻을 상상하며 이야기를 읽어 보세요.

새로운 반, 처음 만난 친구들과 함께 새 학기가 시작됐다. 옆자리에 앉은 **friend** 가 내 **name**을 물었다. 친구와 **I**는 서로에게 자기를 **introduce**. 친구는 나에게 **"Where do you live?"**라고 사는 곳도 물었다. 친구의 집 **address**를 보니 우리 집 **near**였다. 친구는 남동생이 한 명 있다고 했다. 나는 "동생은 몇 살이야?"라고 친구 동생의 **age**를 물어봤다. 대답을 들으려는데 선생님이 들어오셨다. 몇 살인지 궁금하다.

안녕~

자기소개 하자~ 그래~

friend
friend

친구

name
name

이름

I
I

나(는), 내가

introduce
소개하다

introduce

where
어디에

where

you
너(는), 네가

you

live
살다

live

address
주소

address

near
근처에

near

age
나이

age

수영아 생일 축하해!

생일

🎧 mp3

▽ 영어 단어의 뜻을 상상하며 이야기를 읽어 보세요.

친구 수영이의 **birthday**에 줄 **gift**를 사려 가게에 갔다. 수영이는 **famous**

horse 캐릭터인 마돌이의 **fan**이라서 캐릭터 필통을 하나 **buy**. 진심을 담아

congratulate하고 싶어서 생일 축하 **letter**도 써서 선물에 끼워두었다.

수영이에게 선물을 **give**했더니 수영이가 나에게

"Thank you."라고 인사를 했다. 수영이는

내 생일에 무엇을 줄까? 벌써부터 궁금하다.

birthday
생일

birthday

▶ birth(탄생) + day(날) ⇨ birthday(생일)

gift
선물

gift

famous
유명한

famous

34

horse
말

horse

fan
팬

fan

▶ 어떤 것을 좋아하는 사람을 뜻해요.

buy
사다

buy

congratulate
축하하다

congratulate

▶ '축하해'는 Congratulations.라고 해요.

letter
편지

letter

give
주다

give

Thank you

thank
고마워하다

thank

안녕, 또 만났네! 인사

▽ 영어 단어의 뜻을 상상하며 이야기를 읽어 보세요.

나는 우리 **class**에서 제일 먼저 등교한다. 2등은 지혜다. 지혜는 항상 큰 소리로

"Good morning! 😀"이라고 인사를 한다. 우리는 함께 **afternoon**까지

class를 듣고 마치면 같이 집에 간다. 그리고 우리 집 앞에서 내가 지혜에게

" Good bye "라고 인사하고 헤어진다. 어제 **evening**에는 집 근처 식당에서

지혜를 또 **meet**. 지혜는 " Hello "라고 말했고,

나는 "Hi. Nice to see you again!"

이라고 말했다.

★ 첫 번째 줄의 class는 '반'이라는 뜻이고, 세 번째 줄의 class는 '수업'이라는 뜻이에요.
★ Nice to see you again.(너를 다시 보니까 좋다)은 누군가를 또 만났을 때 반가움을
표현하는 말이에요.

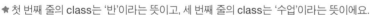

class
반 / 수업

class

good
좋은

good

해 떴다!

morning
아침

morning

afternoon
오후

afternoon

▶ after(～뒤에) + noon(정오) ⇨ afternoon(오후)

bye
(헤어질 때) 안녕

bye

evening
저녁

evening

meet
만나다

meet

hello
(만났을 때) 안녕

hello

hi
안녕

hi

nice
좋은

nice

싸우지 말자 친구 관계

🎧 mp3

▽ 영어 단어의 뜻을 상상하며 이야기를 읽어 보세요.

경수가 수지의 **glasses**를 가지고 장난치다가 바닥에 **drop**. 안경은 "쩍-"

소리를 내며 **break**. 두 사람은  **fight**를 했다. 결국 경수가 **cry**하면서

자리를 떠났다. 우리 셋이 늘 **together** 놀았는데… 며칠째 같이 못 노니까 답답

해서 수지와 경수에게 **call**해서 화해하라고 했다.

그랬더니 **both** 자기가 미안하다면서

화해하기로 **decide**. 우리 셋에게 다시

peace가 찾아왔다.

glasses
안경

glasses

▶ glass만 쓰면 '유리, 유리잔'라이는 뜻이에요.

drop
떨어뜨리다

drop

break
부러지다, 망가지다

break

fight
싸움

fight

cry
울다

cry

together
함께

together

call
전화하다

call

both
둘 다, 서로

both

decide
결심하다

decide

peace
평화

peace

평화의 상징, 비둘기

Day 09 안녕, 나는 다락이야 ^{자기소개}

새로운 반, 처음 만난 친구들과 함께 새 학기가 시작됐다. 옆자리에 앉은 [친구] 가

내 [이름] 을 물었다. 친구와 [나는] 서로에게 자기를 [소개했다] .

친구는 나에게 " [너는 어디에 사니?] "라고 사는 곳을 물었다.

친구의 집 [주소] 를 보니 우리 집 [근처] 였다. 친구는 남동생이

한 명 있다고 했다. 나는 "동생은 몇 살이야?"라고 친구 동생의

[나이] 를 물어봤다. 대답을 들으려는데 선생님이

들어오셨다. 몇 살인지 궁금하다.

Day 10 수영아 생일 축하해! ^{생일}

친구 수영이의 [생일] 에 줄 [선물] 를 사러 가게에 갔다. 수영이는

[유명한] [말] 캐릭터인 마돌이의 [팬] 이라서 캐릭터

필통을 하나 [샀다] . 진심을 담아 [축하하고] 싶어서 생일

축하 [편지] 도 써서 선물에 끼워두었다. 수영이에게 선물을 [줬더니]

수영이가 나에게 " [고마워] ."라고 인사를 했다.

수영이는 내 생일에 무엇을 줄까? 벌써부터 궁금하다.

Day 11 안녕, 또 만났네! 인사

나는 우리 [반] 에서 제일 먼저 등교한다. 2등은 지혜다. 지혜는 항상 큰 소리로

" [좋은 아침!] "이라고 인사를 한다. 우리는 함께 [오후]

까지 [수업] 를 듣고 마치면 같이 집에 간다. 그리고 우리 집 앞에서 내가 지혜에게

" [잘 가.] "라고 인사하고 헤어진다. 어제 [저녁] 에 집 근처 식당에서

지혜를 또 [만났다] . 지혜는 " [안녕!] "이라고

말했고, 나는 " [안녕. 다시 보니까 좋다!] "

라고 말했다.

Day 12 싸우지 말자 친구 관계

경수가 수지의 [안경] 를 가지고 장난치다가 바닥에 [떨어뜨렸다] .

안경은 "쩍-"소리를 내며 [깨져버렸다] . 두 사람은 [싸움] 를 했다. 결국

경수가 [울면서] 자리를 떠났다. 우리 셋이 늘 [함께] 놀았는데…

며칠째 같이 못 노니까 답답해서 수지와 경수에게 [전화를 걸어]

화해하라고 했다. 그랬더니 [둘 다] 자기가 미안하다면서

화해하기로 [결정했다] . 우리 셋에게 다시

[평화] 가 찾아왔다.

우린 모두 다른 성격

성격

▽ 영어 단어의 뜻을 상상하며 이야기를 읽어 보세요.

우리 반 초아는 있는지도 모를 정도로 **always quiet**하고, 소민이는 적극적이고 **active**하다. 민국이는 부끄러움을 잘 타서 😌**shy**하고, 사랑이는 누구에게나 상냥하고 **kind**하다. 이렇게 사람은 각자 성격이 **different**하다. 나는 평소에 움직이는 걸 싫어해서 **lazy**한 편인데 이런 점을 **change**하고 싶다. **also,** 정의로운 일에 앞장서는 **brave**한 성격이 되고 싶다.

always
항상
always

quiet
조용한
quiet

active
활동적인
active

shy
수줍은, 내성적인

shy

kind
친절한

kind

different
다른

different

lazy
게으른

lazy

change
바꾸다

change

also
또한

also

brave
용감한

brave

DAY **14** 언덕 위의 우리 집 집

mp3

▽ 영어 단어의 뜻을 상상하며 이야기를 읽어 보세요.

나는 **hill** 위에 있는 **house**에 산다. 우리 집 **roof**는 빨간 색이라서 멀리서도 눈에 띈다. 우리 가족이 여기서 산지 **already** 5년이 넘었다. 문을 열고 **inside** 들어가면 **living room**이 보인다. 한쪽 **wall**에는 가족사진이 걸려있다. 그 옆으로는 부모님이 쓰시는 **bedroom**과 욕조가 있는 **bathroom**이 있다. 2층에 있는 내 방 **door**에는 내 이름표가 걸려있다. 높은 곳에 있어서 힘은 좀 들지만 나는 우리집이 좋다.

hill

언덕

hill

house

집

house

roof

지붕

roof

44

already
이미, 벌써

already

inside
안으로, 안에

inside

living room
거실

living room

wall
벽

wall

bedroom
침실

bedroom

bathroom
화장실, 욕실

bathroom

door
문

knock
knock

door

DAY 15 집안일을 도와요 집안일

🎧 mp3

▽ 영어 단어의 뜻을 상상하며 이야기를 읽어 보세요.

오늘은 내가 집안일을 돕는 날! 밥을 먹고 **table**을 치우고, **dish**를  설거지 하려고 **water**를 틀었는데 **ice**처럼 찬물이 나왔다. 반대쪽으로 수도꼭지를 돌리니까 **warm**한 물이 나왔다. 나는 접시와 **spoon, chopsticks**를 닦았다. 또 길쭉한 솔로 **bottle**도 닦았다. 부모님은 나에게 **knife**는 위험하니까 손대지 말라고 했다. 부모님이 집안일을 도와줘서 고맙다고 내 **pocket**에 용돈을 넣어 주셨다. 기분이 너무 좋았다.

칼은 위험하니까 치우자~

table
식탁

table

dish
접시

dish

water
물

water

ice

얼음

ice

warm

따뜻한

warm

spoon

숟가락

spoon

chopsticks

젓가락

chopsticks

▶ 젓가락 한 개는 chopstick이라고 합니다.

bottle

병

bottle

knife

칼

knife

pocket

주머니

pocket

DAY 16 내 방 구경할래?

내 방

🎧 mp3

▽ 영어 단어의 뜻을 상상하며 이야기를 읽어 보세요.

안녕! 오늘은 내 room을 소개하겠다. size는 아담하지만 가장 오랜 시간

stay하는 나만의 place다. 방으로 들어가면 내가 잠을 자는 bed,

내 모습을 비춰 주는 mirror, 햇빛을 막아 주는 curtain이 있다.

window 밖으로는 초록색 garden도 보인다.

벽에는 내가 미술 시간에 그린 그림을 hang.

난 내 방을 좋아한다. 너희는 어때?

내 방 구경해~

room
방

room

size
사이즈, 크기

size

stay
머무르다, 묵다

stay

48

place
공간, 장소

place

bed
침대

bed

mirror
거울

mirror

curtain
커튼

curtain

window
창문

window

garden
정원

garden

hang
매달리다 / 걸다

hang

Day 13 우린 모두 다른 성격 _{성격}

우리 반 초아는 있는지도 모를 정도로 [항상]   [조용하고]   , 소민이는

적극적이고 [활동적이다]   . 민국이는 부끄러움을 잘 타서 [수줍어하고]   ,

사랑이는 누구에게나 상냥하고 [친절하다]   . 이렇게 사람은 각자 성격이

[다르다]   . 나는 평소에 움직이는 걸 싫어해서

[게으른]   편인데 이런 점을 [바꾸고]

하고 싶다. [또한]   , 정의로운 일에 앞장서는

[용감한]   성격이 되고 싶다.

Day 14 언덕 위의 우리 집 _집

나는 [언덕]   위에 있는 [집]   에 산다. 우리 집 [지붕]   는 빨간 색

이라서 멀리서도 눈에 띈다. 우리 가족이 여기서 산지 [벌써]   5년이 넘었다.

문을 열고 [안으로]   들어가면 [거실]   이 보인다. 한쪽

[벽]   에는 가족사진이 걸려있다. 그 옆으로는 부모님이 쓰시는

[침실]   과 욕조가 있는 [욕실]   이

있다. 2층에 있는 내 방 [문]   에는 내 이름표가 걸려있다.

높은 곳에 있어서 힘은 좀 들지만 나는 우리집이 좋다.

Day 15 집안일을 도와요 ^{집안일}

오늘은 내가 집안일을 돕는 날! 밥을 먹고 ^{식탁} 을 치우고, ^{접시} 를 설거지하려고 ^물 를 틀었는데 ^{얼음} 처럼 찬물이 나왔다. 반대쪽으로 수도꼭지를 돌리니까 ^{따뜻한} 물이 나왔다. 나는 접시와 ^{숟가락} , ^{젓가락} 를 닦았다. 또 길쭉한 솔로 ^병 도 닦았다. 부모님은 나에게 ^칼 는 위험하니까 손대지 말라고 했다. 부모님이 집안일을 도와줘서 고맙다고 내 ^{주머니} 에 용돈을 넣어 주셨다. 기분이 너무 좋았다.

Day 16 내 방 구경할래? ^{내 방}

안녕! 오늘은 내 ^방 을 소개하겠다. ^{크기} 는 아담하지만 가장 오랜 시간 ^{머무르는} 나만의 ^{공간} 다. 방으로 들어가면 내가 잠을 자는 ^{침대} , 내 모습을 비춰 주는 ^{거울} , 햇빛을 막아 주는 ^{커튼} 이 있다. ^{창문} 밖으로는 초록색 ^{정원} 도 보인다. 벽에는 내가 미술 시간에 그린 그림을 ^{걸어뒀다} . 난 내 방을 좋아한다. 너희는 어때?

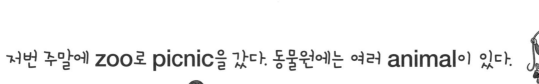

△ mp3

▽ 영어 단어의 뜻을 상상하며 이야기를 읽어 보세요.

저번 주말에 **zoo**로 **picnic**을 갔다. 동물원에는 여러 **animal**이 있다. 그 중에서도 동물의 왕 **lion**이나 용맹한 **tiger**가 정말 멋있다. **monkey**는 **ground**에 잘 내려오지 않고 나무에 매달려 있다. 태어난 지 얼마 안 된 **little** 원숭이는 정말 귀엽다. 여름이라 더워서 그런지 동물들이 **cage** 안에서 **nap**을 오래 잔다. 나무나 돌 위에서 늘어져 자고 있는 동물들도 너무 귀여워서 보는 것이 즐겁다.

zoo

동물원

zoo

picnic

소풍

picnic

animal

동물

animal

lion
사자

lion

tiger
호랑이

tiger

monkey
원숭이

monkey

ground
땅

ground

little
작은

little

cage
(동물의) 우리, 새장

cage

nap
낮잠

nap

DAY **18**   **어떤 동물을 좋아해?**   동물 2

🎧 mp3

▽ 영어 단어의 뜻을 상상하며 이야기를 읽어 보세요.

안녕, 친구들! 동물튜브를 봐 줘서 고마워! 자, 나랑 동물원을 한 바퀴 돌아볼까?

here에 큰 나무 under 목이 long한 giraffe가 있네. 그 옆에는 하얗고 까만

줄무늬가 매력적인 zebra가 보이지? 기린과 얼룩말은 물론이고 몸집이 산

처럼 큰 bear나 코가 긴 elephant도 grass를

먹어. 사실 wolf를 보여 주고 싶었는데 fox만

있네. 아쉽지만 어쩔 수 없으니 다음에 보여 줄게.

그럼 또 내 채널에 놀러 와!

늑대는 없네?

곰돌아 안녕!

here

여기에

here

under

아래에

under

long

긴

long

giraffe
기린

giraffe

zebra
얼룩말

zebra

bear
곰

bear

elephant
코끼리

elephant

grass
풀

grass

wolf
늑대

wolf

fox
여우

fox

🎧 mp3

▽ 영어 단어의 뜻을 상상하며 이야기를 읽어 보세요.

 주말에 가족과 함께 **farm** 체험을 하러 갔다. 이 농장은 새하얀 털을 가진 **sheep**을 키우는 곳이다. 주변에 **mountain**이 있어서 공기가 **fresh**했다. 나와 동생은 나무가 울창한 **forest**를 지나 크고 맑은  **lake**에 가서 **stone**을 던져 물수제비를 뜨며 놀았다. 돌이 물 위를 통통 튀었다. **tree**의 **branch**마다 알록달록 노랗고 빨갛게 물든 단풍**leaves**가 정말 예뻤다.

farm
농장

sheep
양

mountain
산

fresh

신선한, 상쾌한

fresh

forest

숲

forest

lake

호수

lake

stone

돌

stone

tree

나무

tree

branch

나뭇가지

branch

leaves

나뭇잎

leaves

▶ 나뭇잎 한 개는 leaf라고 해요.

DAY 20 농장에 사는 동물 농장 2

mp3

▽ 영어 단어의 뜻을 상상하며 이야기를 읽어 보세요.

농장에는 꿀꿀 **pig**와 음메~ **cow**, 꽥꽥 우는 **duck**, 수염 난 **goat**까지 여러

동물이 있다. 그 중에서도 소는 **clever**해서 꼭 내 말을 알아듣는 것 같다. 장작용

wood 옆으로 줄지어 가는 **ant**들을 밟지 않도록 조심해서 걸었다. 으악! **bee**!

움직이면 쏘일지도 모른다! **flower**에서

honey를 찾으려고 왔나 보다.

pig

돼지

cow

소

duck

오리 Quack

58

goat
염소

goat

clever
영리한

clever

wood
나무, 목재

wood

ant
개미

ant

bee
벌

bee

flower
꽃

flower

honey
꿀

honey

REVIEW 빈 칸에 영어 단어를 써 보세요.

Day 17 신나는 동물원 소풍 동물 1

저번 주말에 동물원 로 소풍 을 갔다. 동물원에는 여러 동물 이
있다. 그 중에서도 동물의 왕 사자 이나 용맹한 호랑이 가 정말 멋있다.
원숭이 는 땅 에 잘 내려오지 않고 나무에 매달려 있다.
태어난 지 얼마 안 된 작은 원숭이는 정말 귀엽다. 여름이라 더워서 그런지
동물들이 우리 안에서 낮잠 을 오래 잔다.
나무나 돌 위에서 늘어져 자고 있는 동물들도 너무 귀여워서
보는 것이 즐겁다.

Day 18 어떤 동물을 좋아해? 동물 2

안녕, 친구들! 동물튜브를 봐 줘서 고마워! 자, 나랑 동물원을 한 바퀴 돌아볼까?
여기에 큰 나무 아래에 목이 긴 기린 가 있네.
그 옆에는 하얗고 까만 줄무늬가 매력적인 얼룩말 가 보이지? 기린과 얼룩말은
물론이고 몸집이 산처럼 큰 곰 나 코가 긴 코끼리 도 풀 를
먹어. 사실 늑대 를 보여 주고 싶었는데 여우 만 있네.
아쉽지만 어쩔 수 없으니 다음에 보여 줄게. 그럼 또 내 채널에 놀러 와!

Day 19 농장에는 뭐가 있을까? 농장 1

주말에 가족과 함께 농장 [   ] 체험을 하러 갔다. 이 농장은 새하얀 털을 가진

양 [   ] 을 키우는 곳이다. 주변에 산 [   ] 이 있어서 공기가

상쾌했다 [   ] . 나와 동생은 나무가 울창한 숲 [   ] 를 지나 크고 맑은

호수 [   ] 에 가서 돌 [   ] 을 던져 물수제비를

뜨며 놀았다. 돌이 물 위를 통통 튀었다. 나무 [   ] 의

가지 [   ] 마다 알록달록 노랗고 빨갛게

물든 단풍 잎 [   ] 가 정말 예뻤다.

Day 20 농장에 사는 동물 농장 2

농장에는 꿀꿀 돼지 [   ] 와 음메~ 소 [   ] , 꽥꽥 우는 오리 [   ] , 수염 난

염소 [   ] 까지 여러 동물이 있다. 그 중에서도 소는 영리해서 [   ] 꼭 내 말을

알아듣는 것 같다. 장작용 나무 [   ] 옆으로 줄지어 가는 개미 [   ] 들을 밟지

않도록 조심해서 걸었다. 으악! 벌 [   ] ! 움직이면 쏘일지도 모른다!

꽃 [   ] 에서 꿀 [   ] 를 찾으려고

왔나 보다.

61

바닷가에는 갈매기가 끼룩끼룩

바다

🎧 mp3

▽ 영어 단어의 뜻을 상상하며 이야기를 읽어 보세요.

river는 흐르고 흘러 sea로 모인다. 이 바다 중에서도 아주 크고 deep한 것이

ocean이다. 강이나 바다에서는 🐟 fish를 잡기 위해 낚시도 한다.

높은 절벽에서 바다로 dive하는 사람도 있다. 바다에는 sand가 깔린

beach가 있어서 해수욕을 할 수도 있다.

🚤 boat를 타고 깊은 바다로 나가면

dolphin을 볼 수 있을지도 모른다. 하지만

상어를 만날 수도 있으니 조심!

river
강

river

sea
바다

sea

deep
깊은

deep

ocean

대양, 바다

ocean

fish

물고기

fish

dive

뛰어들다, 다이빙하다

dive

sand

모래

sand

beach

해변

beach

boat

보트, 배

boat

dolphin

돌고래

dolphin

하늘은 높고 땅은 넓다

하늘과 땅

🎧 mp3

▽ 영어 단어의 뜻을 상상하며 이야기를 읽어 보세요.

우리는 land에 발을 붙이고 산다. 이 땅에서 농사를 짓고 집도 짓고 생활한다. 옛날에 🦕 공룡이 살았던 땅에서는 oil이 나오기도 한다. 올려다보면 sky에는 비를 내리는 cloud와 빛을 비추는 ☀ sun, 밤을 밝히는 🌙 moon이 있다. 태양이 뜨면 day가 시작되고, 태양이 지면 night가 시작된다. 우리를 숨 쉬게 해 주는 air는 만질 수 없지만, 살랑살랑 wind가 불면 느낄 수 있다.

land
땅, 토지

land

oil
기름, 석유

oil

sky
하늘

sky

cloud
구름

cloud

sun
태양, 해

sun

moon
달

moon

day
낮, 하루

day

stars!

night
밤

night

air
공기

air

wind
바람

wind

오늘 며칠이지? 날짜

▽ 영어 단어의 뜻을 상상하며 이야기를 읽어 보세요.

오늘 며칠이지? **date**를 알려면 **calendar**를 봐야 한다. **today**의 전날은 **yesterday**, 다음 날은 **tomorrow**다. 이렇게 하루가 30일 정도 모여서 **one month**가 되고, 한 달이 열두 번 모여서 **one year**가 된다. 나는 **New Year** 달력을 받으면 제일 먼저 **holiday**가 며칠이나 되는지 확인한다. 올해 **than** 내년에는 휴일이 더 많았으면 좋겠다!

달력이 넘어가면
계절도 달라지네~

date
날짜

date

calendar
달력

calendar

today
오늘

today

66

yesterday yesterday
어제

tomorrow tomorrow
내일

month month
달

year year
연, 해

New Year New Year
새해

▶ 새해는 항상 대문자로 써요.

holiday holiday
공휴일, 휴일

than than
~보다

월·화·수·목·금·토·일   요일

🎧 mp3

▽ 영어 단어의 뜻을 상상하며 이야기를 읽어 보세요.

새로운 **week**가 시작되는 **Monday**에는 학교에 가야 한다. 영어 수업이 있는

Tuesday, 선생님께서 나를 부르지 않으셨으면 좋겠다. 한 주의 중간인

Wednesday는 피곤해~! **Thursday**에는 아빠랑 수족관에 가기로

했다. 드디어 기다리던 **Friday**! 내일부터는 **weekend**니까 신난다.

tonight은 가족끼리 🍲 외식하는 날이다.

내일은 학교에 안 가는 **Saturday**니까 늦잠을 자야지.

Sunday에는 동수랑 공원에서 축구를 하기로 했다.

★ 요일은 늘 대문자로 써요!

week
주

week

Monday
월요일

Monday

Tuesday
화요일

Tuesday

Wednesday Wednesday
수요일

Thursday Thursday
목요일

Friday Friday
금요일

tonight tonight
오늘 밤

weekend weekend
주말

Saturday Saturday
토요일

Sunday Sunday
일요일

Day 21 바닷가에는 갈매기가 끼룩끼룩 바다

강 _____ 는 흐르고 흘러 바다 _____ 로 모인다. 이 바다 중에서도 아주 크고

깊은 _____ 것이 대양 _____ 이다. 강이나 바다에서는 물고기 _____ 를 잡기 위해

낚시도 한다. 높은 절벽에서 바다로 잠수하는 _____ 사람도 있다. 바다에는 모래 _____ 가

깔린 해변 _____ 가 있어서 해수욕을 할 수도 있다. 보트 _____ 를 타고

깊은 바다로 나가면 돌고래 _____ 을 볼 수 있을지도

모른다. 하지만 상어를 만날 수도 있으니 조심!

Day 22 하늘은 높고 땅은 넓다 하늘과 땅

우리는 땅 _____ 에 발을 붙이고 산다. 이 땅에서 농사를 짓고 집도 짓고 생활한다.

옛날에 공룡이 살았던 땅에서는 석유 _____ 이 나오기도 한다. 올려다보면 하늘 _____ 에는

비를 내리는 구름 _____ 와 빛을 비추는 태양 _____ , 밤을 밝히는 달 _____ 이

있다. 태양이 뜨면 낮 _____ 가 시작되고, 태양이 지면 밤 _____ 가 시작된다.

우리를 숨 쉬게 해 주는 공기 _____ 는 만질 수 없지만

살랑살랑 바람 _____ 가 불면

느낄 수 있다.

Day 23 오늘 며칠이지? 날짜

오늘 며칠이지? 날짜   를 알려면 달력   를 봐야 한다. 오늘   의

전날은 어제   , 다음 날은 내일   다. 이렇게 하루가 30일

정도 모여서 한 달   가 되고, 한 달이 열두 번 모여서 일 년   가

된다. 나는 새해   달력을 받으면 제일 먼저 공휴일   가 며칠

이나 되는지 확인한다. 올해 보다   내년에는

휴일이 더 많았으면 좋겠다!

Day 24 월·화·수·목·금·토·일 요일

새로운 일주일   가 시작되는 월요일   에는 학교에 가야 한다. 영어

수업이 있는 화요일   , 선생님께서 나를 부르지 않으셨으면 좋겠다. 한 주의

중간인 수요일   는 피곤해~! 목요일   에는 아빠랑 수족관에

가기로 했다. 드디어 기다리던 금요일   ! 내일부터는 주말   니까

신난다. 오늘밤   은 가족끼리 외식하는 날이다. 내일은

학교에 안 가는 토요일   니까 늦잠을 자야지.

일요일   에는 동수랑 공원에서 축구를 하기로 했다.

71

DAY 25 오늘의 날씨는? 날씨

🎧 mp3

▽ 영어 단어의 뜻을 상상하며 이야기를 읽어 보세요.

오늘은 **rain**이 왔다. 내일의 **weather**는 어떨까? 일기예보를 보니 내일도 비가

온다고 한다. **umbrella**를 꼭 챙겨야겠다. 비 덕분에 **dry**하지 않지만

습기 때문에 **fog**가 자욱하다. 내일은 기온이 떨어져서 **cold**해진다고 한다.

그렇게 추워지면서 모레 오후부터는 ❄❄ **snow**가

내린다고 한다. 눈이 오는 건 **glad**하지만, 땀이

뻘뻘 나는 **hot**한 여름이 얼른 왔으면 좋겠다.

여름의 **heat**가 그립다.

rain
비

rain

▶ rainy라고 하면 '비가 많이 오는'이라는 말이 됩니다.

weather
날씨

weather

umbrella
우산

umbrella

72

dry

건조한, 마른

dry

fog

안개

fog

▶ foggy라고 하면 '안개 낀'이란 뜻이 돼요.

cold

추운

cold

snow

눈

snow

▶ '눈이 많이 오는'은 snowy라고 해요.

glad

기쁜

glad

hot

더운, 뜨거운

hot

▶ '매운'이라는 뜻도 있어요.

heat

열, 열기

heat

아침이면 바쁘다, 바빠!

아침 시간

mp3

▽ 영어 단어의 뜻을 상상하며 이야기를 읽어 보세요.

아침에 일어나 비누로 얼굴과 손을 **wash**하고, 학교 갈 준비를 한다. 오늘은 뭘

입지? **design**이 마음에 드는 옷을 **choose**. 자, 나가볼까? 아차! 내 **bag**!

가방을 가지러 다시 집으로 **return**. 덜렁대는 성격을 고치고 싶다.

if 서두르지 않으면 학교에 **late**할 것만 같다. **Hurry up!**

안되겠다. **bicycle**을 타자! **Go!**

늦었다!

또 지각이야!

wash
씻다

wash

design
디자인

design

choose
선택하다

choose

bag

가방

bag

return

돌아가다

return

if

만약 ~하면

if

late

늦은

late

hurry

서두르다

hurry

bicycle

자전거

bicycle

go

가다

go

우리 반 교실

▽ 영어 단어의 뜻을 상상하며 이야기를 읽어 보세요.

 학교 **bell**이 땡땡땡~! 나는 12살, **elementary school Grade 5**인 **student**다. 우리 반은 3층에 있어서 계단을 올라가야 한다. **classroom**에 들어가면 🖥**desk**와 **chair**가 보인다. 우리는 거기 앉아서 공부도 하고, 친구들과 수다도 떤다. 교실 앞쪽에는 커다란 **board**가 있다. **teacher**는 여기에서 글을 써서 우리에게 여러 가지를 **teach**.

bell
종

bell

elementary school
초등학교

elementary school

grade
학년 / 등급

grade

▶ '몇 학년'은 위에 나온 것처럼 대문자로 [Grade 숫자]라고 해요.

student

학생

student

classroom

교실

classroom

desk

책상

desk

chair

의자

chair

board

칠판

board

teacher

선생님

teacher

teach

가르치다

teach

DAY 28 네 필통에는 뭐가 있니?

학용품

🎧 mp3

▽ 영어 단어의 뜻을 상상하며 이야기를 읽어 보세요.

콰당! 으악! 친구와 장난을 치다가 책상을 쳐서 넘어뜨렸다. 책상 위에 있던

 textbook과 notebook, pencil case가 바닥으로 와르르 쏟아졌다.

글자를 쓰는 pencil, 그걸 지우는 eraser, 종이를 자르는 ✂️ scissors,

그걸 붙이는 glue, 이따가 먹으려던 candy까지

몽땅 다 쏟아져서 자리가 엉망이 됐다. 수업 종이 울려서

🕐 clock를 보니 곧 수업이 begin할 것 같다!

얼른 치워야지!

textbook
교과서

textbook

notebook
공책

notebook

pencil case
필통

pencil case

▶ pencil(연필) + case(통) ⇨ pencil case(필통)

78

pencil
연필

pencil

eraser
지우개

eraser

scissors
가위

scissors

glue
풀, 접착제

glue

candy
사탕

candy

▶ 사탕뿐 아니라 '달콤한 과자'라는 뜻이에요.

clock
벽시계

clock

begin
시작하다

begin

Day 25 오늘의 날씨는? _{날씨}

오늘은 비_____ 이 왔다. 내일의 날씨_____ 는 어떨까? 일기예보를 보니

내일도 비가 온다고 한다. 우산_____ 을 꼭 챙겨야겠다. 비 덕분에 건조하지_____

않지만 습기 때문에 안개_____ 가 자욱하다. 내일은 기온이 떨어져서 추워_____

진다고 한다. 그렇게 추워지면서 모레 오후부터는 눈_____ 가 내린다고 한다.

눈이 오는 건 기쁘지만_____ , 땀이 뻘뻘 나는

더운_____ 여름이 얼른 왔으면 좋겠다.

여름의 열기_____ 가 그립다.

Day 26 아침이면 바쁘다, 바빠! _{아침 시간}

아침에 일어나 비누로 얼굴과 손을 씻고_____ , 학교 갈 준비를 한다. 오늘은 뭘 입지?

디자인_____ 이 마음에 드는 옷을 선택했다_____ . 자, 나가볼까? 아차!

내 가방_____ ! 가방을 가지러 다시 집으로 돌아갔다_____ . 덜렁대는 성격을

고치고 싶다. 만약_____ 서두르지 않으면 학교에 늦을_____ 것만 같다.

서둘러_____ ! 안되겠다. 자전거_____ 을 타자!

간다_____ !

Day 27 우리 반 교실 ^{학교}

학교 [종] 이 땡땡땡~! 나는 12살,

[초등학교 5 학년] 인 [학생] 이다. 우리 반은 3층에

있어서 계단을 올라가야 한다. [교실] 에 들어가면 [책상] 와

[의자] 가 보인다. 우리는 거기 앉아서 공부도 하고, 친구들과 수다도 떤다.

교실 앞쪽에는 커다란 [칠판] 가 있다.

[선생님] 는 여기에서 우리에게 여러 가지를

[가르쳐 주신다] .

컨닝 금지!

Day 28 네 필통에는 뭐가 있니? ^{학용품}

콰당! 으악! 친구와 장난을 치다가 책상을 쳐서 넘어뜨렸다. 책상 위에 있던

[교과서] 과 [공책] , [필통] 가 바닥으로 와르르

쏟아졌다. 글자를 쓰는 [연필] , 그걸 지우는 [지우개] , 종이를 자르는

[가위] , 그걸 붙이는 [풀] , 이따가 먹으려던 [사탕] 까지

몽땅 다 쏟아져서 자리가 엉망이 됐다. 수업 종이 울려서

[벽시계] 를 보니 곧 수업이 [시작할]

것 같다! 얼른 치워야지!

내가 가장 좋아하는 과목 과목

▽ 영어 단어의 뜻을 상상하며 이야기를 읽어 보세요.

÷ × +

내가 가장 favorite하는 subject는 math다. 공식을 learn할 때는 어렵지만 problem을 풀고 정답이 딱 나오면 기분이 좋다. 단어를 외워야 하는 English나 어려운 옛날 말이 나오는 history는 싫다. 설명을 들어도 이해하기 어렵다. 나중에 따로 개인 tutoring을 받아야 할지도 모르겠다. 동요를 배우는 music 시간은 좋지만 애들 앞에서 🎵 song을 부르는 건 싫다. 생각만 해도 부끄럽다.

favorite
좋아하는

favorite

subject
과목

subject

$3^{\times}5_{\pm}1$

math
수학

math

▶ math(수학)는 mathematics의 줄임말이에요.

learn

배우다

learn

problem

문제

problem

English

영어

English

▶ 항상 대문자로 시작해요.

history

역사

history

tutoring

과외, 개인교습

tutoring

music

음악

music

song

노래

song

두근두근, 공장 견학 _{견학}

🎧 mp3

▽ 영어 단어의 뜻을 상상하며 이야기를 읽어 보세요.

음료수를 만드는 **factory**에 **field trip**을 갔다. 공장에는 책에서만 보던 커다란 **machine**이 있었다. 이런 것을 실제로 보니 신기했다. 기계를 움직이게 하는 **engine**도 구경했다. 공장의 **staff** 아저씨는 **safe**한 작업을 위해 안전모를 쓰고 우리의 **tour**를 **guide**해 주셨고, **science**를 배우면 기계를 더 잘 이해할 수 있다고 하셨다. 어떻게 음료수가 만들어지는지 설명을 듣고 **exit**로 나왔다. 돌아갈 때 음료수를 한 개씩 주셔서 참 좋았다.

이렇게 만들어요!
와~ 오~

factory
공장

factory

field trip
견학, 현장학습

field trip

machine
기계

machine

engine
엔진

engine

staff
직원

staff

safe
안전한

safe

tour
관광 / 견학

tour

guide
안내하다

guide

science
과학

science

exit
비상구

exit

DAY 31 시험 공부는 어려워 시험 공부

🎧 mp3

▽ 영어 단어의 뜻을 상상하며 이야기를 읽어 보세요.

내일 학원에서 수학 **exam**을 본다고 해서 언니랑 같이  **library**에 가서

study. 도서관에서는 **book**을 읽을 수도 있고, 공부를 할 수도 있다. 제일 처음

배운 **part**는 이해하기가 **easy**해서 문제를 쉽게 풀었다. 하지만 **some** 부분은

difficult해서 줄을 치며 외웠다. 내가 공부한 데서

question이 많이 나와야 할 텐데 **worry**.

언니는 걱정하지 말라고 나를 안심시켜 주었다.

그래도 너무 걱정된다!

exam
시험

exam

library
도서관

library

study
공부하다

study

book

책

book

part

부분

part

easy

쉬운

easy

some

어떤, 몇 몇

some

difficult

어려운

difficult

question

질문 / 문제

question

worry

걱정; 걱정하다

worry

말로 이겨볼까?

토론 수업

mp3

▽ 영어 단어의 뜻을 상상하며 이야기를 읽어 보세요.

오늘 토론할 topic은 "교내에서 일회용품 사용을 금지하자"였다. 선생님께서 먼저 여러 case를 보여 주신 후 두 팀으로 편을 divide하고, 서로 질문하고 answer를 했다. 나는 이런 debate가 처음이라 긴장했다. everyone이 일회용품 사용과 환경 문제에 대해 자신의 idea를 말하고 친구들과 서로 discuss. 나는 환경을 보호하는 것은 important한 일이라고 생각하기 때문에 일회용품을 줄이는 활동에 agree  하는 의견을 말했다.

"토론 시간"

난 찬성이야!

그렇구나~

topic
주제

topic

case
경우, 예시

case

▶ case는 '통, 상자'라는 뜻도 있어요.

divide
나누다

divide

answer
대답 / 정답

answer

debate
토론

debate

everyone
모두, 모든 사람

everyone

idea
생각, 의견

idea

discuss
논의하다, 토론하다

discuss

important
중요한

important

agree
동의하다, 생각이 같다

agree

YES!

Day 29 내가 가장 좋아하는 과목 ^{과목}

내가 가장 [좋아하는]　　　　과목　　　　는 [수학]　　　　다. 공식을

[배울]　　　　때는 어렵지만 [문제]　　　　을 풀고 정답이 딱 나오면 기분이 좋다.

단어를 외워야 하는 [영어]　　　　나 어려운 옛날 말이 나오는 [역사]　　　　는

싫다. 설명을 들어도 이해하기 어렵다. 나중에 따로 개인 [교습]　　　　을 받아야

할지도 모르겠다. 동요를 배우는 [음악]　　　　시간은

좋지만 애들 앞에서 [노래]　　　　을 부르는 건 싫다.

생각만 해도 부끄럽다.

Day 30 두근두근, 공장 견학 ^{견학}

음료수를 만드는 [공장]　　　　에 [현장 학습]　　　　을 갔다. 공장에는

책에서만 보던 커다란 [기계]　　　　이 있었다. 이런 것을 실제로 보니 신기했다.

기계를 움직이게 하는 [엔진]　　　　도 구경했다. 공장의 [직원]　　　　아저씨는

[안전한]　　　　작업을 위해 안전모를 쓰고 우리의 [투어]　　　　를 [안내해 주셨고]　　　　,

[과학]　　　　를 배우면 기계를 더 잘 이해할 수 있다고 하셨다.

어떻게 음료수가 만들어지는지 설명을 듣고 [출구]　　　　로

나왔다. 돌아갈 때 음료수를 한 개씩 주셔서 참 좋았다.

Day 31 시험 공부는 어려워 _{시험 공부}

내일 학원에서 수학 `시험` 을 본다고 해서 언니랑 같이 `도서관` 에 가서 `공부를 했다` . 도서관에서는 `책` 을 읽을 수도 있고, 공부를 할 수도 있다. 제일 처음 배운 `부분` 는 이해하기가 `쉬워서` 문제를 쉽게 풀었다. 하지만 `어떤` 부분은 `어려워서` 줄을 치며 외웠다. 내가 공부한 데서 `문제` 이 많이 나와야 할 텐데 `걱정된다` . 언니는 걱정하지 말라고 나를 안심시켜 주었다. 그래도 너무 걱정된다!

Day 32 말로 이겨볼까? _{토론 수업}

오늘 토론할 `주제` 은 "교내에서 일회용품 사용을 금지하자"였다. 선생님께서 먼저 여러 `사례` 를 보여 주신 후 두 팀으로 편을 `나누고` , 서로 질문하고 `대답` 를 했다. 나는 이런 `토론` 가 처음이라 긴장했다. `모두가` 일회용품 사용과 환경 문제에 대해 자신의 `의견` 를 말하고 친구들과 서로 `토론했다` . 나는 환경을 보호하는 것은 `중요한` 일이라고 생각하기 때문에 일회용품을 줄이는 활동에 `찬성하는` 의견을 말했다.

응! 아니? 반대말

🎧 mp3

▽ 영어 단어의 뜻을 상상하며 이야기를 읽어 보세요.

뜻이 서로 반대되는 말을 반대말이라고 한다. '알겠다, 좋다'라는 의미인

yes 👍의 반대는 no 👎고, 사장님처럼 돈이 많은 💵 rich의 반대는

poor다. 방향을 가리킬 때 right의 반대는 left고, 잘 씻으면 clean한 상태가

되는데 그 반대는 dirty다. 밤이 되어 해가 지면 주변이 dark해지는데 이것의

반대는 bright다. 이렇게 반대말을 알아두면

뜻을 더 잘 알 수 있고 재미도 있다.

clean | bright | dirty | dark

Yes! No

---

yes

네

YES!

yes

---

no

아니요

NO!

no

---

rich

부자인

rich

poor
가난한

poor

right
오른쪽

right

▶ '옳은, 맞는'이라는 뜻도 있어요.

left
왼쪽

left

clean
깨끗한

clean

▶ 동사로는 '청소하다'라는 뜻이에요.

dirty
더러운

dirty

dark
어두운

dark

bright
밝은

bright

▶ '똑똑한'이라는 뜻도 돼요.

DAY 34   오늘은 내가 피카소   미술 시간

▽ 영어 단어의 뜻을 상상하며 이야기를 읽어 보세요.

 오늘 **art** 시간에는 선생님께서 하얗고 **large**한 **paper**를 나누어 주셨다.

그 종이 **on**에 **picture**를 **draw**하라고 하셨다. 주제는 **nature** 풍경이었다.

나는 먼저 숲을 연필로 **sketch**. 그 다음에는  **brush**에 초록색 물감을

묻혀서 **paint**. 멋진 그림 완성! 내가 이렇게

그림을 잘 그리다니!

art
미술 / 예술

art

large
큰

large

paper
종이

paper

94

on
~위에

on

picture
그림 / 사진

picture

draw
그리다

draw

nature
자연

nature

sketch
밑그림을 그리다

sketch

brush
붓

brush

paint
물감으로 그리다,
색칠하다

paint

DAY 35 운동장을 달리자 체육 시간

▽ 영어 단어의 뜻을 상상하며 이야기를 읽어 보세요.

체육 시간이다! 천천히 **move**해서 몸을 푸는 준비운동을 하고, 운동장에 있는 축구 골대까지 **run**했다가 **turn**해서 원래 자리로 돌아왔다. 나와 수정이는 너무 오래 **stand**했더니 힘들어서 수업이 끝나고 **bench**에 **sit**해서 쉬었다. 남자애들은 공을 **kick**하거나 **jump**해서 농구 골대에 넣고 놀았다. 내일은 아빠랑 뒷산 **top**까지 **climb**하기로 했는데 오늘 미리 운동을 열심히 했으니 내일도 거뜬히 올라갈 것 같다.

난 체육이 싫어~

패스!

---

move
움직이다

move

run
달리다, 뛰다

run

turn
돌다, 방향을 돌리다

turn

stand

서다

stand

bench

긴 의자

bench

sit

앉다

sit

kick

차다

kick

jump

점프하다

jump

top

꼭대기, 제일 위

top

climb

오르다

climb

역사를 찾아가는 숙제 숙제

mp3

▽ 영어 단어의 뜻을 상상하며 이야기를 읽어 보세요.

선생님이 homework를 내 주셔서 '봉오동 battle'에 대해 조사했다. 일본군에 against 싸운 독립군의 background에 대해 조사를 하고 나니 우리 역사를 더 잘 know하고 싶어졌다. 역사는 어렵다고만 생각했는데, 내가 그 상황이라면 그렇게 can할까 상상하게 됐다. 궁금했던 것을 clear하게 알게 되니 신났다. 역사를 공부하는 club에도 join하고 싶다. 이따가 인터넷으로 search해 봐야지.

역사를 더 알고 싶네.

homework
숙제

homework

battle
전투

battle

against
~에 대항해서, 반대해서

against

background background

배경

know know

알다

can can

~할 수 있다

clear clear

명확한, 확실한

club club

클럽, 동아리

join join

가입하다

search search

찾다, 검색하다

Day 33 응! 아니? 반대말

뜻이 서로 반대되는 말을 반대말이라고 한다. '알겠다, 좋다'라는 의미인 네 _____ 의

반대는 아니요 _____ 고, 사장님처럼 돈이 많은 부자인 _____ 의 반대는 가난한 _____

이다. 방향을 가리킬 때 오른쪽 _____ 의 반대는 왼쪽 _____ 이고, 잘 씻으면

깨끗한 _____ 상태가 되는데 그 반대는 더러운 _____ 다. 밤이 되어 해가 지면 주변이

어두워 _____ 지는데 이것의 반대는 밝은 _____ 다.

이렇게 반대말을 알아두면 뜻을 더 잘 알 수 있고

재미도 있다.

Day 34 오늘은 내가 피카소 미술 시간

오늘 미술 _____ 시간에는 선생님께서 하얗고 큰 _____ 종이 _____ 를 나누어

주셨다. 그 종이 위에 _____ 그림 _____ 를 그리라고 _____ 하셨다. 주제는

자연 _____ 풍경이었다. 나는 먼저 숲을 연필로 밑그림을 그렸다 _____ .

그 다음에는 붓 _____ 에 초록색 물감을 묻혀서

색을 칠했다 _____ . 멋진 그림 완성!

내가 이렇게 그림을 잘 그리다니!

Day 35 운동장을 달리자 체육 시간

체육 시간이다! 천천히 [움직여서] 몸을 푸는 준비운동을 하고, 운동장에 있는 축구 골대까지 [뛰었다가] [돌아서] 원래 자리로 돌아왔다. 나와 수정이는 너무 오래 [서 있었더니] 힘들어서 수업이 끝나고 [벤치] 에 [앉아서] 쉬었다. 남자애들은 공을 [차거나] [점프해서] 농구 골대에 넣고 놀았다. 내일은 아빠랑 뒷산 [꼭대기] 까지 [올라가기로] 했는데 오늘 미리 운동을 열심히 했으니 내일도 거뜬히 올라갈 것 같다.

Day 36 역사를 찾아가는 숙제 숙제

선생님이 [숙제] 를 내 주셔서 '봉오동 [전투] '에 대해 조사했다. 일본군에 [맞서] 싸운 독립군의 [배경] 에 대해 조사를 하고 나니 우리 역사를 더 잘 [알고] 싶어졌다. 역사는 어렵다고만 생각했는데, 내가 그 상황이라면 그렇게 [할 수 있을까] 상상하게 됐다. 궁금했던 것을 [명확하게] 알게 되니 신났다. 역사를 공부하는 [동아리] 에도 [가입하고] 싶다. 이따가 인터넷으로 [찾아봐야지] .

오늘은 즐거운 운동회 날! 운동회

▽ 영어 단어의 뜻을 상상하며 이야기를 읽어 보세요.

운동회 마지막 경기는 달리기 **race**! 지난 운동회에서는 아깝게 2등을 했으니 이번

에는 꼭 **win**해서 1등 🏅 **prize**를 받고 싶다. 체육 선생님께서 **start**를 알리는

flag를 힘차게 내렸다. 자, **ready**, 출발! **fast**하게 달리고 싶은데 왜 이렇게

speed가 안 나지! 열심히 달렸지만 나는 너무

slow했다. 결국 간발의 차이로 또 2등을 했다.

아쉽지만 최선을 다했으니 후회하지 않는

mind를 갖기로 했다!

1등이다!   앗!

race
경주

race

win
이기다

win

prize
상

prize

start
출발하다

start

flag
깃발

flag

ready
준비가 된

ready

fast
빨리; 빠른

fast

speed
속도

speed

난 좀 느려~

slow
느린

slow

mind
마음, 정신

mind

mp3

DAY **38** 방학에 뭐 하지? 방학 계획

▽ 영어 단어의 뜻을 상상하며 이야기를 읽어 보세요.

즐거운 **vacation** 시작! 그래도 방학 숙제는 해야 하니까 **plan**을 세웠다.

오늘 **museum** 🏛에 갔다 왔으니 감상문을 써야 한다. 그리고 영어 **diary**도

쓸 생각이다. 어제 박물관에서 **blond**의 외국인이 나에게 **talk**했는데 당황해서

제대로 말을 하지 못했다. 방학 **during**에 영어

공부를 해서 다음에는 이상하게 **act**하지 않고,

smile하면서 **smart**하게 대답해야지.

vacation

방학 / 휴가

vacation

plan

계획

plan

🏛

museum

박물관, 미술관

museum

diary
일기

diary

blond
금발인

blond

talk
말하다, 수다를 떨다

talk

during
~ 동안

during

act
행동하다

act

smile
미소 짓다, 방긋 웃다

smile

smart
똑똑한

smart

지도에서 우리 집 찾기

위치와 방향

mp3

▽ 영어 단어의 뜻을 상상하며 이야기를 읽어 보세요.

내가 사는 대전은 우리나라의 **middle**에 있다. 서울은 대전의 **north**에, 부산은 **south**에 있다. 기차 를 타고 **up** 가면 서울이 나오고, **down** 가면 부산이 나온다. 우리 삼촌이 사는 세종 시는 대전과 청주의 **between**에 있다. 우리나라는 삼면이 바다로 둘러싸여 있는데 **west**에 있는 바다는 서해, **east**에 있는 바다는 동해, 남쪽에 있는 바다는 남해라고 한다. 바다를 건너 한국 **out**에는 일본, 중국이 있다. 나는 우리나라 **in**을 구석구석 여행하고 싶다.

이쪽이 태평양!

동해
서해
대전
남해

middle
가운데

middle

north
북쪽

north

south
남쪽

south

up
위쪽으로

up

down
아래쪽으로

down

between
~ 사이에

between

west
서쪽

west

east
동쪽

east

out
~ 밖에, 밖으로

out

in
~ 안에, 안으로

in

기차 타고, 배 타고!

교통수단

🎧 mp3

▽ 영어 단어의 뜻을 상상하며 이야기를 읽어 보세요.

오늘은 여수 할머니, 할아버지 댁에 가는 날! 내가 제일 좋아하는 고속 **train**을 **take**. 여수에 **arrive**해서 **car** 를 타고 이동했다. 여수에는 **subway**가 없어서 차를 타야 한다. 주말이라 **road**에 차가 많아서 **drive**하던 아버지가 힘들어하셨다. 할머니, 할아버지를 모시고 바다에 가서 커다란 **ship**도 탔다. **captain**님이 배를 구경시켜 주셨다. 배 위로 **helicopter**가 요란한 소리를 내며 날아갔다. 멋진 여행이었다.

위이잉~

신기해!

train
기차

train

take
(탈것을) 타다, 잡다

take

▶ '가지고 가다, 데리고 가다'라는 뜻도 있어요. take는 여러 가지 뜻을 가진 단어예요.

arrive
도착하다

arrive

car

자동차

car

subway

지하철

subway

road

도로

road

drive

운전하다

drive

ship

배

ship

captain

선상

captain

▶ 스포츠 팀의 '주장'이나 경찰의 '대장'이라는 뜻도 있어요.

helicopter

헬리콥터

helicopter

Day 37 오늘은 즐거운 운동회 날! 운동회

운동회 마지막 경기는 달리기 경주 ! 지난 운동회에서는 아깝게 2등을 했으니 이번에는 꼭 이겨서 1등 상 를 받고 싶다. 체육 선생님께서 출발 를 알리는 깃발 를 힘차게 내렸다. 자, 준비 , 출발! 빠르게 달리고 싶은데 왜 이렇게 속도 가 안 나지! 열심히 달렸지만 나는 너무 느렸다 . 결국 간발의 차이로 또 2등을 했다. 아쉽지만 최선을 다했으니 후회하지 않는 마음 를 갖기로 했다!

Day 38 방학에 뭐 하지? 방학 계획

즐거운 방학 시작! 그래도 방학 숙제는 해야 하니까 계획 을 세웠다. 오늘 박물관 에 갔다 왔으니 감상문을 써야 한다. 그리고 영어 일기 도 쓸 생각이다. 어제 박물관에서 금발의 외국인이 나에게 말을 걸었는데 당황해서 제대로 말을 하지 못했다. 방학 동안 에 영어 공부를 해서 다음에는 이상하게 행동하지 않고, 웃으면서 똑똑하게 대답해야지.

Day 39   지도에서 우리 집 찾기   위치와 방향

내가 사는 대전은 우리나라의 [가운데] 에 있다. 서울은 대전의 [북쪽] 에,
부산은 [남쪽] 에 있다. 기차를 타고 [위쪽으로] 가면 서울이 나오고,
[아래쪽으로] 가면 부산이 나온다. 우리 삼촌이 사는 세종 시는 대전과 청주의
[사이에] 있다. 우리나라는 삼면이 바다로 둘러싸여 있는데 [서쪽] 에 있는
바다는 서해, [동쪽] 에 있는 바다는 동해, 남쪽에 있는 바다는 남해라고 한다.
바다를 건너 한국 [밖에] 는 일본, 중국이 있다.
나는 우리나라 [안] 을 구석구석 여행하고 싶다.

Day 40   기차 타고, 배 타고!   교통수단

오늘은 여수 할머니, 할아버지 댁에 가는 날! 내가 제일 좋아하는 고속 [기차] 을
[탔다] . 여수에 [도착해서] [차] 를 타고 이동했다. 여수에는
[지하철] 가 없어서 차를 타야 한다. 주말이라 [도로] 에 차가 많아서
[운전하던] 아버지가 힘들어하셨다. 할머니, 할아버지를 모시고 바다에 가서 커다란
[배] 도 탔다. [선장] 님이 배를 구경시켜 주셨다.
배 위로 [헬리콥터] 가 요란한 소리를 내며 날아갔다.
멋진 여행이었다.

나는
astronaut이야!

내 꿈은
지구 정복!

Chapter 02

쇼핑은 즐거워! 쇼핑

mp3

▽ 영어 단어의 뜻을 상상하며 이야기를 읽어 보세요.

엄마와 함께 **watch**를 사러 시계 **shop**에 갔다. 직원이 여름 **sale**을 하는 상품을 추천해 주었다. 좋아하는 **brand**의 시계를 골라 엄마가 계산을 하시려는데 1,000번째 **customer**를 뽑는 이벤트에 우리가 당첨이 됐다. **Oh, my God!** 부드러운 **cotton**으로 된 손수건과 빨간 **cap** 중에 원하는 것을 **pick**하라고 했다. 이렇게 좋은 상품이 **free**라니! 예상하지 못했던 🎁선물을 **get**해서 기분이 좋았다.

★ Oh, my God!은 놀라거나 당황했을 때 '이런, 맙소사, 세상에'라는 의미로 쓰는 감탄사예요.

watch
손목시계

watch

▶ 동사로 쓰면 '보다'라는 뜻이에요.

shop
가게

shop

sale
할인

sale

brand
브랜드, 상표

brand

customer
고객

customer

cotton
면, 목화

cotton

cap
야구 모자

cap

▶ '뚜껑'이란 뜻도 있어요.

pick
고르다, 뽑다

pick

free
공짜인

free

▶ '자유로운'이라는 뜻으로도 써요.

get
얻다, 받다

get

보고 듣고 만지고 느끼고 감각

🎧 mp3

▽ 영어 단어의 뜻을 상상하며 이야기를 읽어 보세요.

누가 내 어깨를 톡톡 치면 그것을 **feel**. 이렇게 몸으로 자극을 느끼는 것을 감각이라고 한다. 사람이 느낄 수 있는 감각은 여러가지다. 아기의 볼을 **touch**하면 **soft**하다고 느끼고, **rock**을 손으로 치면 **hard**하다고 느낀다. 또 바위를 **hold**하면 **heavy**하다고 느낀다. **sound**는 귀로 **hear**할 수 있고, 코를 물건에 가까이 가져다 대면 **smell**을 맡을 수 있다. 감각은 참 신기하다.

아이고, 무거워~

악! 딱딱해~

feel
느끼다

feel

touch
(손으로) 만지다

touch

soft
부드러운

soft

rock
바위

rock

hard
딱딱한

hard

▶ '어려운'이라는 뜻도 있어요.

hold
잡다, 버티다

hold

heavy
무거운

heavy

sound
소리

sound

hear
듣다

hear

smell
냄새

smell

내 취미는 영화 보기

🎧 mp3

▽ 영어 단어의 뜻을 상상하며 이야기를 읽어 보세요.

내 **hobby**는 **movie**를 보는 것이다. TV 📺 는 화면이 **small**해서 실감이 안 난다. 그래서 **big**한 화면으로 보려고 영화관에 **often** 간다. 영화관에서 보면 소리도 화면도 커서, 영화가 훨씬 재미있다. 나는 외국 **novel**인 『해리포터』 시리즈를 좋아해서 전권을 다 **read**. 이 책이 영화로 만들어졌을 때 **very** 기뻤다. 영화 역시 책만큼 **fantastic**했다! 영화를 보고 맛집으로 유명한 **restaurant**에 가서 밥을 먹었다.

윙가르디움

재미있다!

hobby
취미

hobby

movie
영화

movie

small
작은

small

big
큰

big

often
자주, 종종

often

novel
소설

novel

read
읽다

read

very
매우

very

fantastic
환상적인, 멋진

fantastic

restaurant
식당

restaurant

좋아하는 가수의 콘서트

취미 2

🎧 mp3

▽ 영어 단어의 뜻을 상상하며 이야기를 읽어 보세요.

내가 가장 좋아하는 **singer**는 2U다. 나는 2U의 노래를 듣는 것도 좋아하고, **sing along** 🎤 하는 것도 좋아한다. 지난주에는 2U의 **concert**에 다녀왔다. 너무 신나서 노래에 맞춰 **dance**하고 박수도 열심히 쳤다. 공연이 정말 멋졌는데, 마지막에는 **tears**가 났다. **because** 이번이 올해의 **last** 공연이었기 때문이다. 그래도 이 콘서트를 볼 수 있어서 나는 **fine**했다. 방금 보고 나왔는데도 벌써 2U가 **miss**!

2U 최고!   오예~

★ sing along은 '노래를 따라 부르다'라는 말이에요.

singer 가수	singer

sing 노래하다	sing

along ~을 따라서	along

120

concert

콘서트, 공연

concert

dance

춤; 춤을 추다

dance

tears

눈물

tears

▶ 눈물 한 방울은 tear입니다.

because

왜냐하면

because

last

마지막인

last

fine

좋은, 괜찮은

fine

miss

그리워하다

miss

Day 41 쇼핑은 즐거워! ^{쇼핑}

엄마와 함께 _{손목시계} 를 사러 시계 _{가게} 에 갔다. 직원이 여름 _{할인} 을 하는 상품을 추천해 주었다. 좋아하는 _{브랜드} 의 시계를 골라 엄마가 계산을 하시려는 데 1,000번째 _{고객} 를 뽑는 이벤트에 우리가 당첨이 됐다. _{세상에나} ! 부드러운 _면 으로 된 손수건과 빨간 _{야구 모자} 중에 원하는 것을 _{고르라고} 했다. 이렇게 좋은 상품이 _{공짜} 라니! 예상하지 못했던 선물을 _{얻어서} 기분이 좋았다.

Day 42 보고 듣고 만지고 느끼고 ^{감각}

누가 내 어깨를 톡톡 치면 그것을 _{느낀다} . 이렇게 몸으로 자극을 느끼는 것을 감각이라고 한다. 사람이 느낄 수 있는 감각은 여러가지다. 아기의 볼을 _{손으로 만지면} _{부드럽다고} 느끼고, _{바위} 을 손으로 치면 _{딱딱하다고} 느낀다. 또 바위를 _{들고} 있으면 _{무겁다고} 느낀다. _{소리} 는 귀로 _{들을} 수 있고, 코를 물건에 가까이 가져다 대면 _{냄새} 을 맡을 수 있다. 감각은 참 신기하다.

Day 43 내 취미는 영화 보기 ^{취미 1}

내 <u>취미</u> 는 <u>영화</u> 를 보는 것이다. TV는 화면이 <u>작아서</u>

실감이 안 난다. 그래서 <u>큰</u> 화면으로 보려고 영화관에 <u>자주</u> 간다. 영화관은

소리도 크고, 화면도 커서 영화가 훨씬 실감나고 재미있다. 나는 외국 <u>소설</u> 인

『해리포터』시리즈를 좋아해서 전권을 다 <u>읽었다</u> .

이 책이 영화로 만들어졌을 때 <u>매우</u> 기뻤다.

영화 역시 책만큼 <u>환상적</u> 이었다. 영화를 보고

맛집으로 유명한 <u>식당</u> 에 가서 밥을 먹었다.

Day 44 좋아하는 가수의 콘서트 ^{취미 2}

내가 가장 좋아하는 <u>가수</u> 는 2U다. 나는 2U의 노래를 듣는 것도 좋아하고,

<u>따라 부르는</u> 것도 좋아한다. 지난주에는 2U의 <u>콘서트</u> 에 다녀왔다.

너무 신나서 노래에 맞춰 <u>춤도 추고</u> 박수도 열심히 쳤다. 공연이 정말 멋졌는데,

마지막에는 <u>눈물</u> 가 났다. <u>왜냐하면</u> 이번이 올해의 <u>마지막</u>

공연이었기 때문이다. 그래도 이 콘서트를 볼 수 있어서

나는 <u>좋았다</u> . 방금 보고 나왔는데도 벌써

2U가 <u>그립다</u> !

ROCK FESTIVAL

DAY 45 장난감이 많아서 좋아 장난감

🎧mp3

▽ 영어 단어의 뜻을 상상하며 이야기를 읽어 보세요.

민호와 나는 **ball**과 **toy**를 가지고 **play**. 민호의 여동생 민지는 **bubble**을

blow. 비눗방울 불기에 싫증이 난 민지가 우리에게 **doll**을 가지고 놀자고 했다.

나는 🧩 **puzzle**을 맞추고 싶었고, 민호는 **block**으로 성을 쌓고 싶다고

했다. 결국 우리는 각자 따로 놀았다. 다 놀고 난 **after**

장난감을 **basket**에 넣고 자리를 정리했다.

ball
공

ball

toy
장난감

toy

play
놀다 / 운동을 하다

play

124

bubble

비눗방울

bubble

blow

불다

blow

doll

인형

doll

puzzle

퍼즐

puzzle

block

블록

block

after

~ 후에

after

basket

바구니

basket

DAY 46 오늘은 어떤 옷을 입을까? 옷

▽ 영어 단어의 뜻을 상상하며 이야기를 읽어 보세요.

엄마는 내가 **clothes**를 많이 **have**하고 있다고 하시지만 나는 늘 뭘 입을지

고민한다. 내가 좋아하는 옷 스타일은 **skirt**지만, 불편해서 잘 **wear**하지 않는다.

학교를 갈 때는 보통 **jeans**나 **pants**에 **t-shirt**를 입고 **socks**를 신는다.

양말을 안 신고 **shoes**를 신으면 발이 까지기 때문이다. 비가 오면 **boots**를

신는다. 장화를 신고 물웅덩이를 첨벙거리며

걸으면 기분이 좋다.

★ 신발, 양말이 한 짝이거나 옷이 한 벌일 때는 shoe, sock, cloth처럼
(e)s를 떼면 됩니다. 하지만 보통은 (e)s를 붙여요.

clothes
옷

clothes

have
가지고 있다

have

skirt
치마

skirt

126

wear
입다

wear

jeans
청바지

jeans

pants
바지

pants

t-shirt
티셔츠

t-shirt

socks
양말

socks

shoes
신발

shoes

shoe

shoe

boots
장화, 부츠

boots

▶ 양말과 신발은 한 짝씩 두 개가 모여 한 켤레기 때문에 복수로 써요. 한 짝만 말하고 싶다면 맨 뒤의 s를 빼면 됩니다.

DAY **47** ## 오늘 저녁 메뉴는 갈비찜 요리 1

🎧 mp3

▽ 영어 단어의 뜻을 상상하며 이야기를 읽어 보세요.

엄마, 아빠가 **kitchen**에서 **cook**하는 소리가 들린다. 냄새를 맡아 보니

오늘의 **menu**는 갈비찜! 깊은 **bowl**에 빨간 **beef**를 넣는다. 주황색 **carrot**과

양파 같은 **vegetable**도 한 입 크기로 잘라서 넣는다. 달달한 설탕과 짭짤한

salt로 양념을 하고 보글보글 오래 끓이면 완성! 남은 **meat**는 잘게 갈아서 동그랗게

뭉친 다음, 계란을 입혀 기름을 두른 팬에 **fry**하면

동그랑땡 완성! 잘 먹겠습니다!

갈비찜 최고!!

kitchen
부엌

kitchen

cook
요리사; 요리하다

cook

menu
메뉴

menu

bowl
(오목한) 그릇

bowl

beef
소고기

beef

carrot
당근

carrot

vegetable
채소

vegetable

salt
소금

salt

meat
고기

meat

fry
튀기다 / 볶다 / 부치다

fry

달콤촉촉 쿠키 만들기

요리 2

mp3

▽ 영어 단어의 뜻을 상상하며 이야기를 읽어 보세요.

오늘은 맛있는 cookie를 make하는 날! 요리사 hat  을 쓰고, 앞치마를 두르고 본격적으로 시작해 볼까. 새하얀 milk와 달콤한 sugar, 동그란 egg를 넣어서 반죽을 만든다. 빨주노초파남보 rainbow색으로 예쁘게 장식을 얹어 오븐에서 bake하면 촉촉한 쿠키 완성!

앗, 온도가 너무 높았는지 반죽이 burn.

이번에는 fail했지만 다음번엔 성공해야지!

쿠키 완성~!

cookie

cookie

쿠키

make

make

만들다

hat

hat

모자

milk

우유

milk

sugar

설탕

sugar

egg

달걀

egg

rainbow

무지개

rainbow

▶ rain(비) + bow(활) ⇨ rainbow 비 온 뒤에 활 모양으로 나타나는 무지개!

bake

(빵, 과자를) 굽다

bake

burn

타다, 태우다

burn

fail

실패하다

fail

Day 45 장난감이 많아서 좋아 장난감

민호와 나는 [공]과 [장난감]를 가지고 [놀았다]. 민호의 여동생 민지는

[비눗방울]을 [불었다]. 비눗방울 불기에 싫증이 난 민지가 우리에게

[인형]을 가지고 놀자고 했다. 나는 [퍼즐]을 맞추고 싶었고, 민호는

[블록]으로 성을 쌓고 싶다고 했다. 결국 우리는 각자

따로 놀았다. 다 놀고 난 [후에] 장난감을

[바구니]에 넣고 자리를 정리했다.

Day 46 오늘은 어떤 옷을 입을까? 옷

엄마는 내가 [옷]를 많이 [가지고 있다고] 하시지만 나는 늘 뭘 입을지 고민한

다. 내가 좋아하는 옷 스타일은 [치마]지만, 불편해서 잘 [입지] 않는다.

학교를 갈 때는 보통 [청바지]나 [바지]에 [티셔츠]를 입고

[양말]를 신는다. 양말을 안 신고 [신발]를 신으면 발이 까지기 때문이다.

비가 오면 [장화]를 신는다. 장화를 신고

물웅덩이를 첨벙거리며 걸으면 기분이 좋다.

Day 47 오늘 저녁 메뉴는 갈비찜 ^{요리 1}

엄마, 아빠가 ⎡부엌⎦ 에서 ⎡요리하는⎦ 소리가 들린다. 냄새를 맡아 보니 오늘의

⎡메뉴⎦ 는 갈비찜! 깊은 ⎡오목한 그릇⎦ 에 빨간 ⎡소고기⎦ 를 넣는다. 주황색

⎡당근⎦ 과 양파 같은 ⎡채소⎦ 도 한 입 크기로 잘라서 넣는다. 달달한

설탕과 짭짤한 ⎡소금⎦ 으로 양념을 하고 보글보글 오래 끓이면 완성!

남은 ⎡고기⎦ 는 잘게 갈아서 동그랗게 뭉친 다음,

계란을 입혀 기름을 두른 팬에 ⎡부치면⎦ 동그랑땡 완성!

잘 먹겠습니다!

Day 48 달콤촉촉 쿠키 만들기 ^{요리 2}

오늘은 맛있는 ⎡쿠키⎦ 를 ⎡만드는⎦ 날! 요리사 ⎡모자⎦ 를 쓰고, 앞치마를

두르고 본격적으로 시작해 볼까. 새하얀 ⎡우유⎦ 와 달콤한 ⎡설탕⎦, 동그란

⎡계란⎦ 를 넣어서 반죽을 만든다. 빨주노초파남보 ⎡무지개⎦ 색으로 예쁘게

장식을 얹어 오븐에서 ⎡구우면⎦ 촉촉한 쿠키 완성!

앗, 온도가 너무 높았는지 반죽이 ⎡탔다⎦ .

이번에는 ⎡실패했지만⎦ 다음번엔 성공해야지!

먹는 게 제일 좋아

식사와 맛

🎧 mp3

▽ 영어 단어의 뜻을 상상하며 이야기를 읽어 보세요.

나의 **breakfast**는 간단하다. 고소한 **bread**를 **bite**하고 우유를 마신다. 오늘 학교에서 **lunch**에  샐러드가 나왔는데 레몬 소스가 들어갔는지 **sour**한 **taste**. 맛있어서 많이 ▌**eat**. 디저트로 아이스크림이 나왔는데 **delicious**했다. 점심을 너무 많이 먹었더니 배가 **full**했다. 하지만 **dinner**로 잡채가 기다리고 있으니 저녁도 많이 먹어야지. 벌써 설렌다.

음~ 맛있다

먹는 게 제일 좋아!

breakfast
breakfast

아침 식사

bread
bread

빵

bite
bite

(입으로) 베어 물다

lunch
점심 식사

lunch

sour
시큼한, 신맛의

sour

taste
(어떤) 맛이 나다

taste

eat
먹다

eat

delicious
맛있는

delicious

full
배부른 / 가득 찬

full

dinner
저녁 식사

dinner

오이는 싫어!

식습관

🎧 mp3

▽ 영어 단어의 뜻을 상상하며 이야기를 읽어 보세요.

food를 골고루 잘 먹지 않고 가려서 먹는 것을 편식이라고 한다.

나는 cucumber와 bean, onion을 hate. 그래서

usually 피자를 먹을 때 피클은 먹지 않고, 콩밥에서 콩은 all 골라낸다.

오늘 저녁은 콩고기 떡갈비였다. 콩이라서 먹기가 싫었는데

엄마가 it을 내 그릇에 put. 억지로 입에 넣었는데

내 예상보다 much 더 맛있었다!

★ '편식하는 사람'은 picky eater라고 해요.

food
음식

food

cucumber
오이

cucumber

bean
콩

bean

onion
양파

onion

hate
싫어하다

hate

usually
보통

usually

all
전부

all

it
그것(은), 그것이

it

put
놓다

put

much
훨씬, 매우

much

▶ 주로 비교급 앞에 써요.

DAY 51 손님이 오셨다 손님 맞이

🎧 mp3

▽ 영어 단어의 뜻을 상상하며 이야기를 읽어 보세요.

형과 나는 거실에서 커튼을 치고 **light**를 끄고 공포 영화를 보고 있었는데 우리 **home**에 **guest**가 **visit**. 부모님께서는 우리에게 TV를 끄고 방에 들어가라고 하셨다. **we**는 영화를 **next**에 보기로 하고, 손님에게 인사를 하고 방에 **enter**.

사실 나는 영화를 계속 보기를 **want**했지만 손님이 **come**했으니 어쩔 수 없다.

영화 내용을 **forget**하지 않아야 할 텐데.

어서오세요~

light
불, 전등

light

home
집, 가정

home

guest
손님

guest

visit
방문하다

visit

we
우리(는), 우리가

we

next
다음에

next

enter
들어가다

enter

want
원하다

want

come
오다

come

forget
잊어버리다

forget

제가 잘못했어요

잘못과 사과

🎧 mp3

▽ 영어 단어의 뜻을 상상하며 이야기를 읽어 보세요.

내가 엄마께 **lie**를 해서 엄마는 **shock**를 받고 나에게 **mad**하셨다. 엄마는

내가 거짓말쟁이가 될까봐 **afraid**해서 **stress**를 받고, **sad**해 보이셨다.

나는 엄마를 웃게 해 드리려고 빨간 사과를 드리면서 **"I'm sorry."**라고 말했다.

엄마는 웃으시면서 앞으로 **honest**한 **kid**가 되라고 **advise**.

거짓말한 것이 후회된다. 다시는 그러지 말아야지.

거짓말을 하다니!

죄송해요...

난 거짓말 안 해~

lie
거짓말

lie

shock
충격

shock

mad
화가 난

mad

afraid
두려워하는

afraid

stress
스트레스

stress

sad
슬픈

sad

sorry
미안해하는

sorry

honest
솔직한

honest

kid
아이, 어린이

kid

advise
충고하다

advise

▶ '충고'는 advice라고 해요.

Day 49 먹는 게 제일 좋아 ^{식사와 맛}

나의 <u>아침 식사</u> 는 간단하다. 고소한 <u>빵</u> 를 <u>베어 물고</u>

우유를 마신다. 오늘 학교에서 <u>점심 식사</u> 에 샐러드가 나왔는데 레몬 소스가 들어갔는지

<u>신</u> <u>맛이 났다</u> . 맛있어서 많이 <u>먹었다</u> . 디저트로 아이스크림이 나왔는데

<u>맛있었다</u> . 점심을 너무 많이 먹었더니

<u>배가 불렀다</u> . 하지만 <u>저녁 식사</u> 로

잡채가 기다리고 있으니 저녁도 많이 먹어야지.

벌써 설렌다.

Day 50 오이는 싫어! ^{식습관}

<u>음식</u> 를 골고루 잘 먹지 않고 가려서 먹는 것을 편식이라고 한다.

나는 <u>오이</u> 와 <u>콩</u> , <u>양파</u> 을 <u>싫어한다</u> .

그래서 <u>보통</u> 피자를 먹을 때 피클은 먹지 않고, 콩밥에서 콩은 <u>전부</u>

골라낸다. 오늘 저녁은 콩고기 떡갈비였다. 콩이라서 먹기가 싫었는데 엄마가 <u>그것</u> 을

내 그릇에 <u>놓았다</u> . 억지로 입에 넣었는데 내 예상보다

<u>훨씬</u> 더 맛있었다!

Day 51 손님이 오셨다 ^{손님 맞이}

형과 나는 거실에서 커튼을 치고 [전등] 를 끄고 공포 영화를 보고 있었는데 우리

[집] 에 [손님] 가 [방문했다] . 부모님께서는 우리에게 TV를

끄고 방에 들어가라고 하셨다. [우리는] 영화를 [다음에] 보기로 하고, 손님에게

인사를 하고 방에 [들어갔다] . 사실 나는 영화를

계속 보기를 [원했지만] 손님이 [왔으니]

어쩔 수 없다. 영화 내용을 [잊지] 않아야 할 텐데.

Day 52 제가 잘못했어요 ^{잘못과 사과}

내가 엄마께 [거짓말] 를 해서 엄마는 [충격] 을 받고 나에게 [화가 나셨다] .

엄마는 내가 거짓말쟁이가 될까봐 [두려워서] [스트레스] 를 받고,

[슬퍼] 보이셨다. 나는 엄마를 웃게 해 드리려고 빨간 사과를 드리면서

" [죄송해요] ."라고 말했다. 엄마는 웃으시면서

앞으로 [정직한] [아이] 가 되라고

[충고해 주셨다] . 거짓말한 것이 후회된다.

다시는 그러지 말아야지.

아기가 어른이 되기까지

🎧 mp3

▽ 영어 단어의 뜻을 상상하며 이야기를 읽어 보세요.

사람은 **human**이라고도 한다. 사람이 여러 명일 때는 **people**이라고 한다.

생명이 태어나는 것은 **birth**라고 하고, 이 날을 생일이라고 한다. **woman**으로

태어난 아기는 **grow**해서 **girl**이 되고, **man**으로 태어난 아기는 자라서 **boy**가

된다. 사람은 약 20년은 **child**기 때문에 부모의 보살핌이 필요하다.

보통 스무 살쯤 되어야 **adult**가 된다.

★ 사람은 영어로 person이라고도 해요.

아기   어린이   어른

0   10   20

human
인간, 사람

human

people
사람들

people

birth
탄생, 출생

birth

woman

여자

woman

grow

자라다

grow

girl

소녀

girl

man

남자

man

boy

소년

boy

child

아이, 어린이

child

▶ 아이 여러 명을 뜻하는 '아이들'은 children이라고 해요.

adult

성인, 어른

adult

▽ 영어 단어의 뜻을 상상하며 이야기를 읽어 보세요.

어린이가 자라서 **teen**인 기간을 거쳐 거쳐 성인이 된다. 나이만 먹는 것이 아니라 진짜 어른이 되려면 때와 장소에 맞는 행동을 해야 한다. **example**을 들어 공공장소에서 **telephone**을 쓸 때는 용건만 간단히 한다거나, 여럿이 함께 **use**하는 물건은 깨끗하게 쓰는 것처럼 말이다. 그래야 어디서든 **welcome**받는 **gentleman**과 **lady**가 될 수 있다. 어른이 되면 결혼해서 가정을 꾸릴 수도 있고, 또 **alone** 살 수도 있다. 어른들은 다양한 **type**의 **life**를 산다.

teen

십대인

teen

▶ '십대 청소년'은 teens라고 해요.

example

예시, 예

example

telephone

전화

telephone

use

사용하다

use

welcome

환영하다

welcome

gentleman

신사

gentleman

lady

숙녀

lady

alone

혼자서

alone

type

유형, 종류

type

life

인생, 삶

life

운동은 너무 귀찮아   운동

🎧 mp3

▽ 영어 단어의 뜻을 상상하며 이야기를 읽어 보세요.

나는 exercise가 싫다. bat로 공을 hit하는 baseball 을 해 봤지만 공이

무서워서 그만뒀다. goal을 넣어 score를 올리는 soccer도 해 봤지만 뛰는 게

싫어서 그만뒀다. 키가 크고 싶어서 basketball 도 해 봤는데 커다란

농구공을 멀리 throw하는 게 힘들었다.

아무래도 운동에 재능이 없는 걸까? 그래도

물속에서 swim 하는 건 좋다!

---

exercise

운동; 운동하다

exercise

---

bat

방망이

bat

---

hit

치다

hit

baseball
야구

baseball

goal
골, 득점 / 목표

goal

score
득점, 점수

score

soccer
축구

soccer

basketball
농구

basketball

▶ basket(바구니) + ball(공) ⇨ basketball 바구니에 공을 넣는 농구

throw
던지다

throw

swim
수영하다

swim

149

경기장에서 생긴 일

mp3

▽ 영어 단어의 뜻을 상상하며 이야기를 읽어 보세요.

나는 아빠 **with** 지난 주말에 **football**을 **see**하러 갔다. 내 **beside**에 앉은

아저씨가 **game**을 보다가 너무 흥분해서 내 옷에 콜라를 쏟았다. 어제는 엄마

와 함께 옆 **town**에서 하는 농구 경기를 보러 갔었는데 내 **behind**에 앉은 아줌

마가 내 옷에 사이다를 쏟았다. 이런 일이 **twice**나 생기다니!

restroom에서 옷을 닦고 손을 씻으며 생각했다.

정말 잊지 못할 **memory**다.

with
~와 함께

with

football
미식축구

football

see
보다

see

나란히 ~

beside
~ 옆에

beside

game
운동 경기, 게임

game

town
도시, 마을

town

behind
~ 뒤에

behind

twice
두 번

twice

restroom
화장실

restroom

▶ 공공장소의 화장실은 restroom, 집에 있는 화장실은 bathroom이라고 해요.

memory
기억 / 추억

memory

Day 53 **아기가 어른이 되기까지** 사람의 성장 1

사람은 인간 [   ] 이라고도 한다. 사람이 여러 명일 때는 사람들 [   ] 이라고

한다. 생명이 태어나는 것을 출생 [   ] 라고 하고, 이 날을 생일이라고 한다.

여자 [   ] 으로 태어난 아기는 자라서 [   ] 소녀 [   ] 이 되고,

남자 [   ] 으로 태어난 아기는 자라서 소년 [   ] 가 된다. 사람은 약 20년은

어린이 [   ] 기 때문에 부모의 보살핌이 필요하다.

보통 스무 살쯤 되어야 어른 [   ] 가 된다.

Day 54 **어른이 지켜야 할 예의** 사람의 성장 2

어린이가 자라서 십대인 [   ] 기간을 거쳐 성인이 된다. 나이만 먹는 것이 아니라 진짜

어른이 되려면 때와 장소에 맞는 행동을 해야 한다. 예 [   ] 을 들어 공공장소에서

전화 [   ] 을 쓸 때는 용건만 간단히 한다거나, 여럿이 함께 사용하는 [   ] 물건은

깨끗하게 쓰는 것처럼 말이다. 그래야 어디서든 환영받는 [   ]

신사 [   ] 과 숙녀 [   ] 가 될 수 있다. 어른이 되면

결혼해서 가정을 꾸릴 수도 있고, 또 혼자서 [   ] 살 수도 있다.

어른들은 다양한 유형 [   ] 의 인생 [   ] 를 산다.

Day 55 운동은 너무 귀찮아 _{운동}

나는 운동 가 싫다. 방망이 로 공을 치는 야구 을

해 봤지만 공이 무서워서 그만뒀다. 골 을 넣어 득점 를 올리는

축구 도 해 봤지만 뛰는 게 싫어서 그만뒀다. 키가 크고 싶어서

농구 도 해 봤는데 커다란 농구공을 멀리 던지는 게

힘들었다. 아무래도 운동에 재능이 없는 걸까?

그래도 물속에서 수영하는 건 좋다!

Day 56 경기장에서 생긴 일 _{운동 경기 관람}

나는 아빠와 함께 지난 주말에 미식축구 을 보러 갔다.

내 옆 에 앉은 아저씨가 경기 을 보다가 너무 흥분해서 내 옷에

콜라를 쏟았다. 어제는 엄마와 함께 옆 도시 에서 하는 농구 경기를 보러 갔었는데

내 뒤 에 앉은 아줌마가 내 옷에 사이다를 쏟았다.

이런 일이 두 번 나 생기다니!

화장실 에서 옷을 닦고 손을 씻으며

생각했다. 정말 잊지 못할 기억 다.

영웅의 탄생 동화

▽ 영어 단어의 뜻을 상상하며 이야기를 읽어 보세요.

옛날 옛날에 어느 **kingdom**이 있었다. **king**과 **queen**은 멋진 **palace**에 살았다. 이 두 사람에게는 **princess**와 **prince**가 한 명씩 있었다.

그런데 어느 날 무시무시한 **giant**가 이 왕국에 쳐들어왔고, 잔인한 **war**가 시작됐다. 그러던 중에 한 용감한 **hero**가 거인과 싸워 승리했다.

결국 모두가 **happy**하게 잘 살았다.

요 꼬맹이가!

으악!

kingdom
왕국

kingdom

king
왕

king

queen
여왕

queen

154

palace
궁전

palace

princess
공주

princess

prince
왕자

prince

giant
거인

giant

war
전쟁

war

hero
영웅

hero

happy
행복한

happy

제주도 가족 여행

공항과 여행

▽ 영어 단어의 뜻을 상상하며 이야기를 읽어 보세요.

내 생애 첫 제주도 **travel**! 일단 **airplane**을 타러 **airport**로 갔다. 여러 **airline**의 사무실이 줄지어 있었다. 비행기를 타기 **before**에 짐 검사를 받아야 **must**. 비행기에는 위험한 물건은 가지고 탈 수 없기 때문이다. 10번 **gate**로 가서 비행기에 탔다. 드디어 출발! 처음에는 땅에 붙어서 **low**하게 **fly**하던 비행기가 곧 **high**하게 하늘로 날았다.

귀도 먹먹하고 기분이 이상하다! 무서워!

날아간다!

travel

travel

여행; 여행하다

airplane

airplane

비행기

airport

airport

공항

airline

항공사

airline

before

~ 전에, 앞에

before

must

~해야 한다

must

gate

문, 출입구

gate

▶ gate는 주로 건물의 정문이나 대문, 출입구가 되는 문을 말해요.

low

낮게; 낮은

low

fly

날다

fly

high

높게; 높은

DAY 59

나는 어떤 직업을 갖게 될까?

직업

mp3

▽ 영어 단어의 뜻을 상상하며 이야기를 읽어 보세요.

나는 커서 어떤 일을 하는 사람이 become? 내 job은 뭘까? 선생님? 의사?

세상을 지키는 🎩📟 police officer, 도로나 건물, 기계를 만들고 🔧⚙️ fix

하는 engineer, 창의적으로 세상에 없는 것을 만드는 creator? 어떤 물건을

팔거나 사는 business를 하는 사람이 될지도 모른다. 또는 재미있는 글을

write하는 작가가 될지도?! now는 알 수 없는

어른이 된 내 모습이 curious하다.

난 경찰관! 난 엔지니어! 난 회사원! 난 크리에이터!

become
~이 되다

become

job
직업

job

police
경찰

police

▶ police는 경찰 단체를 뜻하고, 경찰관은 police officer라고 해요.

158

fix
고치다

fix

engineer
엔지니어, 기술자

engineer

creator
창작자

creator

business
사업

business

write
쓰다

write

now
지금

now

curious
궁금한

curious

DAY 60 각 지역의 말투, 사투리 말하기

🎧 mp3

▽ 영어 단어의 뜻을 상상하며 이야기를 읽어 보세요.

전학생 세라는 부산 **from** 왔다. 그래서 세라가 **say**할 때 사투리 **accent**가

있다. 세라가 부모님과 💬 **dialogue**하는 걸 들은 적이 있는데, 몇 가지

단어를 **understand**하지 못했다. **same** 뜻의 **word**인데 다르게 말한다는

게 신기하다. 또 **she**는 **humor** 감각이 좋다. 세라가 국어책에 있는 **story**를

사투리로 읽어 준 적이 있는데 너무 재미있었다

단디 해라 blah blah blah

너 정말 재미있다~

from	from
~로부터	

say	say
말하다 💬	

accent	accent
억양	

160

dialogue
대화

dialogue

understand
이해하다

understand

same
같은

same

word
단어

word

she
그녀(는), 그녀가

she

humor
유머

humor

▶ 발음에 주의! mp3를 들어 보세요.

story
이야기

story

빈 칸에 영어 단어를 써 보세요.

Day 57 영웅의 탄생 ^{동화}

옛날 옛날에 어느 <u>왕국</u> 이 있었다. <u>왕</u> 과 <u>여왕</u> 은

멋진 <u>궁전</u> 에 살았다. 이 두 사람에게는 <u>공주</u> 와

<u>왕자</u> 가 한 명씩 있었다. 그런데 어느 날 무시무시한 <u>거인</u> 가

이 왕국에 쳐들어왔고, 잔인한 <u>전쟁</u> 가 시작됐다. 그러던 중에 한 용감한

<u>영웅</u> 가 거인과 싸워 승리했다. 결국 모두가

<u>행복하게</u> 잘 살았다.

Day 58 제주도 가족 여행 ^{공항과 여행}

내 생애 첫 제주도 <u>여행</u> ! 일단 <u>비행기</u> 을 타러 <u>공항</u> 로

갔다. 여러 <u>항공사</u> 의 사무실이 줄지어 있었다. 비행기를 타기 <u>전에</u>

짐 검사를 받아야 <u>한다</u> . 비행기에는 위험한 물건을 가지고 탈 수 없기 때문이다.

10번 <u>출입구</u> 로 가서 비행기에 탔다. 드디어 출발! 처음에는 땅에 붙어서

<u>낮게</u> <u>날던</u> 비행기가 곧 <u>높게</u>

하늘로 날았다. 귀도 먹먹하고 기분이 이상하다! 무서워!

Day 59 나는 어떤 직업을 갖게 될까? 직업

나는 커서 어떤 일을 하는 사람이 될까 ? 내 직업 은 뭘까? 선생님? 의사?

세상을 지키는 경찰관 , 도로나 건물, 기계를 만들고 고치는

기술자 , 창의적으로 세상에 없는 것을 만드는 창작자 ?

어떤 물건을 팔거나 사는 사업 를 하는 사람이 될지도 모른다. 또는 재미있는

글을 쓰는 작가가 될지도?! 지금 는

알 수 없는 어른이 된 내 모습이 궁금하다 .

Day 60 각 지역의 말투, 사투리 말하기

전학생 세라는 부산 에서 왔다. 그래서 세라가 말할 때 사투리

억양 가 있다. 세라가 부모님과 대화하는 걸 들은 적이 있는데,

몇 가지 단어를 이해하지 못했다. 같은 뜻의 단어 인데

다르게 말한다는 게 신기하다. 또 그녀는 유머 감각이 좋다.

세라가 국어책에 있는 이야기 를 사투리로

읽어 준 적이 있는데 너무 재미있었다.

DAY 61 여기가 어디지? 길 찾기

♪ mp3

▽ 영어 단어의 뜻을 상상하며 이야기를 읽어 보세요.

나는 오빠와 함께 서울 여행 중이다. **map**을 봐도 서울 **tower**로 가는 **way**가 헷갈려서 **street**를 지나가는 사람에게 길을 **ask**. **he**는 우리가 **wrong**한 길로 왔다며 **back**해서 가라고 안내해 줬다. 표지판을 잘 보고 갔어야 하는데…

서울 타워는 크고 높아서 어떻게 산꼭대기에 이런 건물을 **build**했는지 신기했다.

타워에서 내려다본 서울 야경의 **beauty**에 감탄했다.

map
지도

map

tower
타워, 탑

tower

way
길

way

164

street

거리

street

ask

묻다

ask

he

그(는), 그가

he

wrong

잘못된

wrong

back

뒤로 / 돌아서

back

build

건물을 짓다

build

▶ '건물'은 building이라고 해요.

beauty

아름다움

beauty

DAY 62 감기는 괴로워 병원

▽ 영어 단어의 뜻을 상상하며 이야기를 읽어 보세요.

콜록 콜록! 감기에 걸렸는지 아침부터 머리가 띵하면서 headache가 있고,

fever가 올라 이마가 뜨거웠다. doctor 선생님을 만나러 hospital ⊕에

갔다. 목이 아파서 증상이 어떤지 gesture로 설명했다. 의사 선생님은 물을 많이

drink하고 푹 sleep하라고 하셨다. nurse 선생님이 주사를 놔 주시고,

내일 몸 상태를 check해 보라고 하셨다. 몸이 sick한 건 너무 싫다.

빨리 나았으면 좋겠다.

주사 맞자~

물을 마시렴~

콜록 콜록

headache
두통

headache

fever
열

fever

doctor
의사

doctor

166

hospital
병원

hospital

gesture
몸짓

gesture

drink
마시다

drink

sleep
자다

sleep

nurse
간호사

nurse

check
확인하다

check

sick
아픈

sick

열쇠 찾기 게임 　모험

▽ 영어 단어의 뜻을 상상하며 이야기를 읽어 보세요.

친구들과 호수 공원에서 게임을 했다. 한 명이 **key**를 숨기고, 나머지가 **find**하는 게임이다. 열쇠를 찾으려고 **bridge** 위를 뛰어가다가 **balance**를 **lose**하고 호수로 **fall**. 온몸이 **wet**했지만 **just** 계속 열쇠를 찾으러 다녔다. 그리고 마침내 공원에 있는 동상 **front**에서 열쇠를 찾았다. 이런 **adventure**를 하는 게임은 처음이라 신나고 재미있었다.

찾았다!　성공!

key
열쇠

key

find
찾다, 발견하다

find

bridge
다리

bridge

balance

balance

균형

lose

lose

잃다

fall

fall

떨어지다

wet

wet

젖은

just

just

그냥, 단지

front

front

앞, 앞쪽

adventure

adventure

모험

새콤달콤 맛있는 과일

과일

mp3

▽ 영어 단어의 뜻을 상상하며 이야기를 읽어 보세요.

나는 모든 종류의 **fruit**을 다 **like**. 빨갛고 탐스러운 **this apple**, 노랗고 큼지막한 **that pear**, 얼룩말처럼 줄무늬가 멋진 **watermelon**까지! 오늘은 수박을 먹고 싶은데, 수박을 **cut**하려면 큰 칼이 필요해서 내가 혼자 잘라 먹기 어렵다. 보라색 알갱이가 주렁주렁 달린 **grape**나 초록색 꼭지를 달고 있는 빨간 **strawberry**는 껍질을 까거나 자를 필요가 없으니 그걸 먹어야겠다.

fruit
과일

like
좋아하다

Like it!

this
이것(은), 이것이, 이

apple
사과

apple

that
저것(은), 저것이, 저

that

pear
배

pear

watermelon
수박

watermelon

cut
자르다

cut

grape
포도

grape

strawberry
딸기

strawberry

Day 61 여기가 어디지? 길 찾기

나는 오빠와 함께 서울 여행 중이다. 지도 _____ 을 봐도 서울 타워 _____ 로

가는 길 _____ 가 헷갈려서 거리 _____ 를 지나가는 사람에게 길을 물어봤다 _____ .

그는 _____ 우리가 잘못된 _____ 길로 왔다며 뒤로 돌아서 _____ 가라고 안내해 줬다.

표지판을 잘 보고 갔어야 하는데… 서울 타워는 크고 높아서 어떻게 산꼭대기에 이런 건물을

지었는지 _____ 신기했다. 타워에서 내려다본 서울 야경의

아름다움 _____ 에 감탄했다.

Day 62 감기는 괴로워 병원

콜록 콜록! 감기에 걸렸는지 아침부터 머리가 띵하면서 두통 _____ 가 있고,

열 _____ 가 올라 이마가 뜨거웠다. 의사 _____ 선생님을 만나러

병원 _____ 에 갔다. 목이 아파서 증상이 어떤지 몸짓 _____ 로 설명했다.

의사 선생님은 물을 많이 마시고 _____ 푹 자라고 _____ 하라고 하셨다.

간호사 _____ 선생님이 주사를 놔 주시고, 내일 몸 상태를

확인해 _____ 보라고 하셨다. 몸이 아픈 _____ 건

너무 싫다. 빨리 나았으면 좋겠다.

Day 63 열쇠 찾기 게임 _{모험}

친구들과 호수 공원에서 게임을 했다. 한 명이 [열쇠] 를 숨기고, 나머지가 [찾는] 게임이다. 열쇠를 찾으려고 [다리] 위를 뛰어가다가 [균형] 를 [잃고] 호수로 [떨어졌다]. 온몸이 물에 [젖었지만] [그냥] 계속 열쇠를 찾으러 다녔다. 그리고 마침내 공원의 끝에 있는 동상 [앞] 에서 열쇠를 찾았다. 이런 [모험] 를 하는 게임은 처음이라 신나고 재미있었다.

Day 64 새콤달콤 맛있는 과일 _{과일}

나는 모든 종류의 [과일] 을 다 [좋아한다]. 빨갛고 탐스러운 [이] [사과], 노랗고 큼지막한 [저] [배], 얼룩말처럼 줄무늬가 멋진 [수박] 까지! 오늘은 수박을 먹고 싶은데, 수박을 [자르려면] 큰 칼이 필요해서 내가 혼자 잘라 먹기 어렵다. 보라색 알갱이가 주렁주렁 달린 [포도] 나 초록색 꼭지를 달고 있는 빨간 [딸기] 는 껍질을 까거나 자를 필요가 없으니 그걸 먹어야겠다.

DAY 65 이게 꿈이라니! 꿈 1

🎧 mp3

▽ 영어 단어의 뜻을 상상하며 이야기를 읽어 보세요.

어젯밤에 무서운 **dream**을 꿨다. 어디선가 갑자기 **power**가 센 **monster** 가 나타나서 **crazy**한 것처럼 소리를 지르고 사람들을 괴롭혔다. 괴물을 잡으려면 강한 🔗 **chain**이 **need**. 나도 다른 사람을 **help**해서 사슬을 만들었고, 도망치는 괴물을 끝까지 **hunt**해서 잡았다. 다음날 📰 **newspaper**에는 [모두를 구한 영웅들]이라는 기사가 실렸는데 나도 나왔다!

신문을 가위로 오리려는데 너무 흥분한 나머지 **mistake**로 내 얼굴을 잘라버렸다.

아..안 돼!

---

dream
꿈

dream

power
힘
💪

power

monster
괴물

monster

crazy
미친

crazy

chain
(쇠)사슬

chain

need
필요로 하다

need

help
돕다

help

hunt
사냥하다 / 뒤쫓다

hunt

newspaper
신문

newspaper

mistake
실수

mistake

▽ 영어 단어의 뜻을 상상하며 이야기를 읽어 보세요.

어젯밤에는 내가 **die**해서 **angel**을 만나는 꿈을 꿨다. 천사는 황금색 **coin**이

가득 담긴 **glass**와 **bill**을 차례로 나에게 **show**. 그런데 내가 유리잔을 받아

들다가 실수로 바닥에 떨어뜨렸다. 바닥으로 쏟아진 동전을 다시 **collect**해서

유리잔에 **fill**. 이 돈으로 뭘 살까 고민하다가 꿈에서 깼다.

내가 부자가 된다는 뜻일까? 이 꿈은

forever remember할 것 같다.

많이 준비했어~

가지렴

와!

die

die

죽다

angel

angel

천사

coin

coin

동전

176

glass
유리잔

glass

▶ 그냥 '유리'라는 뜻도 있어요.

bill
지폐

bill

show
보여 주다

show

collect
모으다, 수집하다

collect

fill
채우다

fill

forever
영원히

forever

remember
기억하다

remember

DAY 67 어떤 색을 좋아해? 색깔

▽ 영어 단어의 뜻을 상상하며 이야기를 읽어 보세요.

알록달록 color의 세계를 구경해 볼까? 도화지 같은 white, 깜깜한 밤 같은 black,

사과 같은 red, 가을 길거리의 은행잎 같은 yellow, 키 큰 나무 같은 brown,

나뭇잎 같은 green, 맑은 하늘 같은 blue. 그런데 비가 오려나?

gray로 물든 먹구름이 몰려온다. 이 비가 그치면 gold로

빛나는 태양이 나오고 무지개가 뜨겠지.

너는 무슨 색을 좋아해?

color
색깔

color

white
흰색

white

black
검은색

black

red
빨간색

red

yellow
노란색

yellow

brown
갈색

brown

green
초록색

green

blue
파란색

blue

gray
회색

gray

gold
황금색

gold

DAY 68 | 미션: 마트에서 감자 사기 | 심부름

▽ 영어 단어의 뜻을 상상하며 이야기를 읽어 보세요.

부모님이 하루 종일 busy해서 내가 장 보는 것을 도와드리기로 했다. 심부름 미션은

큰길 corner에 있는 store에 가서 🥔potato를 사 오는 것! 🛒cart에

감자 몇 개를 add하고 계산대에 line을 서서 wait. 감자 값을

💵pay하고, 감자를 집까지 carry. 사실은 과자를

정말 사고 싶었지만 참았다. 부모님께 조금이나마

도움이 된 것 같아 기쁘다.

감자 사기 완료!

busy
바쁜

busy

corner
모퉁이

corner

store
가게

store

potato
감자

potato

▶ '고구마'는 sweet potato나 yam이라고 해요.

cart
물건을 담는 수레

cart

add
더하다

add

line
줄

line

wait
기다리다

wait

pay
돈을 내다

pay

carry
가지고 가다

carry

▶ '나르다'라는 뜻도 있어요.

Day 65 이게 꿈이라니! 꿈 1

어젯밤에 무서운 [꿈]＿＿＿＿＿＿을 꿨다. 어디선가 갑자기 [힘]＿＿＿＿＿＿가 센

[괴물]＿＿＿＿＿가 나타나서 [미친]＿＿＿＿＿ 것처럼 소리를 지르고 사람들을 괴롭혔다.

괴물을 잡으려면 강한 [사슬]＿＿＿＿＿이 [필요했다]＿＿＿＿＿. 나도 다른 사람을

[도와서]＿＿＿＿＿ 사슬을 만들었고, 도망치는 괴물을 끝까지 [추적해서]＿＿＿＿＿ 잡았다.

다음날 [신문]＿＿＿＿＿에는 [모두를 구한 영웅들]이라는

기사가 실렸는데 나도 나왔다! 신문을 가위로 오리려는데

너무 흥분한 나머지 [실수]＿＿＿＿＿로 내 얼굴을 잘라버렸다.

Day 66 깨고 싶지 않은 꿈 꿈 2

어젯밤에는 내가 [죽어서]＿＿＿＿＿ [천사]＿＿＿＿＿을 만나는 꿈을 꿨다. 천사는 황금색

[동전]＿＿＿＿＿이 가득 담긴 [유리잔]＿＿＿＿＿와 [지폐]＿＿＿＿＿을 차례로 나에게

[보여 주었다]＿＿＿＿＿. 그런데 내가 유리잔을 받아 들다가 실수로 바닥에 떨어뜨렸다.

바닥으로 쏟아진 동전을 다시 [모아서]＿＿＿＿＿ 유리잔에 [채워 넣었다]＿＿＿＿＿.

이 돈으로 뭘 살까 고민하다가 꿈에서 깼다. 내가 부자가

된다는 뜻일까? 이 꿈은 [영원히]＿＿＿＿＿

[기억할]＿＿＿＿＿ 것 같다.

Day 67 어떤 색을 좋아해? 색깔

알록달록 색깔 의 세계를 구경해 볼까? 도화지 같은 흰색 ,

깜깜한 밤 같은 검은색 , 사과 같은 빨간색 , 가을 길거리의 은행잎 같은

노란색 , 키 큰 나무 같은 갈색 ,

나뭇잎 같은 초록색 , 맑은 하늘 같은 파란색 .

그런데 비가 오려나? 회색 로 물든 먹구름이 몰려온다.

이 비가 그치면 황금색 로 빛나는 태양이 나오고

무지개가 뜨겠지. 너는 무슨 색을 좋아해?

Day 68 미션: 마트에서 감자 사기 심부름

부모님이 하루 종일 바쁘셔서 내가 장 보는 것을 도와드리기로 했다. 심부름 미션은

큰길 모퉁이 에 있는 가게 에 가서 감자 를 사 오는 것!

카트 에 감자 몇 개를 더하고 계산대에 줄 을 서서

기다렸다 . 감자 값을 돈을 내고 , 감자를 집까지

가지고 갔다 . 사실은 과자를 정말 사고 싶었지만

참았다. 부모님께 조금이나마 도움이 된 것 같아 기쁘다.

해서는 안 되는 일 ⟨규칙⟩

🎧 mp3

▽ 영어 단어의 뜻을 상상하며 이야기를 읽어 보세요.

세상에는 지켜야 할 **rule**이 있다. 주로 **do**하면 안 되면 일들이다. 칼 같은 위험한 물건은 학교에 **bring**하지 말 것, 친구를 **fool**이라고 놀리지 말 것, 거짓말하지 말고 **truth**를 말할 것. 어른은 아직 청소년인 **young**한 사람에게는 **cigarette** 🚬 이나 🫙 **alcohol**을 **sell**하지 말고, 아이들을 보호해야 한다. 이런 규칙을 잘 지키지 않으면 다른 사람들이 나를 **bomb** 💣 처럼 생각하고 피하게 될지도 모른다.

어른에게만 팝니다

안 된다구~

---

rule
규칙

rule

---

do
하다

do

---

bring
가지고 오다

bring

---

fool

바보

fool

truth

진실

truth

young

어린, 젊은

young

cigarette

담배

cigarette

alcohol

술

alcohol

sell

팔다

sell

bomb

폭탄

bomb

손가락으로 숫자를 세자

숫자 1

🎧 mp3

▽ 영어 단어의 뜻을 상상하며 이야기를 읽어 보세요.

영어로 **number**를 **count**해 보자. 아무것도 없는 **zero**, 손가락 한 개 **one**,

손가락 두 개 **two**, 삼각형처럼 세 개 **three**, 사각형처럼 네 개 **four**, 손을 쫙

펴면 손가락 다섯 개 **five**, 거기에 엄지손가락을 더하면 여섯 개 **six**! 어떤 것

한 개나 한 사람은 **single**이라고도 한다.

싱글은 결혼하지 않은 사람이나 사귀는

사람이 없는 사람을 말하기도 한다.

number

숫자

number

count

세다

count

zero

영, 0

zero

one
하나, 일
1

one

two
둘, 이
2

two

three
셋, 삼
3

three

four
넷, 사
4

four

five
다섯, 오
5

five

six
여섯, 육
6

six

single
하나인, 한 사람인

single

손가락이 모자라! 숫자 2

▽ 영어 단어의 뜻을 상상하며 이야기를 읽어 보세요.

그 다음도 세어 볼까? luck을 주는 숫자 일곱 **seven**, 기운이 팔팔한 여덟 **eight**,

10에서 한 개 빠진 아홉 **nine**, 두 손을 모두 펴면 손가락 열 개 **ten**! 여기까지만

해도 좋다. 하지만 더 알고 있는지 시험해 볼까? 십이 두 개면 **twenty**, 세 개면

thirty, 네 개면 **forty**, 다섯 개면 **fifty**, 열 개면 **one hundred**!

이건 손가락으로는 못 센다!

luck
행운, 운

luck

seven
일곱, 칠
7

seven

eight
여덟, 팔
8

eight

nine

아홉, 구

9

nine

---

ten

열, 십

10

ten

---

twenty

스물, 이십

20

twenty

---

thirty

서른, 삼십

30

thirty

---

forty

마흔, 사십

40

forty

---

fifty

쉰, 오십

50

fifty

---

hundred

백

100

hundred

▶ 앞에 one을 붙여서 말하기도 해요.

DAY 72 부자가 될 거야 저축

🎧 mp3

▽ 영어 단어의 뜻을 상상하며 이야기를 읽어 보세요.

이제까지 나는 용돈을 받으면 바로 전부 써 버렸다. **however** 앞으로는 **save**하

고 싶어서 엄마와 함께 **bank**에 가서 통장을 만들었다. 일주일 동안 쓸

money의 **budget**을 정하고, 나머지는 모두 저축해야지. **cash**를 조금만

가지고 다니면서 돈을 아끼는 **habit**을 들이려고 **test**해 보고 있다. 돈을 모아

올해 안에 새 게임 **item**을 살 수 있게 되기를 **hope**.

나는 사치왕!

나는 저금왕!

정말 기특하다!

짝!
짝!

---

however

however

그러나, 하지만

---

save

save

저축하다, 저금하다

▶ '구하다, 보호하다'라는 뜻도 있어요.

---

bank

bank

은행

money
돈

money

budget
예산

budget

cash
현금

cash

habit
습관

habit

test
시험; 시험하다

test

item
물품

item

hope
희망하다, 바라다

hope

빈 칸에 영어 단어를 써 보세요.

Day 69 해서는 안 되는 일 ^{규칙}

세상에는 지켜야 할 _{규칙}[____] 이 있다. 주로 _{하면}[____] 안 되면 일들이다. 칼 같은 위험한 물건은 학교에 _{가지고 오지}[____] 말 것, 친구를 _{바보}[____] 이라고 놀리지 말 것, 거짓말하지 말고 _{진실}[____] 를 말할 것. 어른은 아직 청소년인 _{어린}[____] 사람에게는 _{담배}[____] 이나 _술[____] 을 _{팔지}[____] 말고, 아이들을 보호해야 한다. 이런 규칙을 잘 지키지 않으면 다른 사람들이 나를 _{폭탄}[____] 처럼 생각하고 피하게 될지도 모른다.

Day 70 손가락으로 숫자를 세자 ^{숫자 1}

영어로 _{숫자}[____] 를 _{세어}[____] 보자. 아무것도 없는 ₀[____], 손가락 한 개 ₁[____], 손가락 두 개 ₂[____], 삼각형처럼 세 개 ₃[____], 사각형처럼 네 개 ₄[____], 손을 쫙 펴면 손가락 다섯 개 ₅[____], 거기에 엄지손가락을 더하면 여섯 개 ₆[____] ! 어떤 것 한 개나 한 사람은 _{싱글}[____] 이라고도 한다. 싱글은 결혼하지 않은 사람이나 사귀는 사람이 없는 사람을 말하기도 한다.

Day 71 손가락이 모자라! 숫자 2

그 다음도 세어 볼까? 행운 을 주는 숫자 일곱 7 , 기운이 팔팔한 여덟

8 , 10에서 한 개 빠진 아홉 9 , 두 손을 모두 펴면 손가락 열 개

10 ! 여기까지만 해도 좋다. 하지만 더 알고 있는지 시험해 볼까? 십이 두 개면

20 , 세 개면 30 , 네 개면 40 , 다섯 개면

50 , 열 개면 100 ! 이건 손가락으로는 못 센다!

Day 72 부자가 될 거야 저축

이제까지 나는 용돈을 받으면 바로 전부 써 버렸다. 하지만 앞으로는

저축하고 싶어서 엄마와 함께 은행 에 가서 통장을 만들었다.

일주일 동안 쓸 돈 의 예산 을 정하고, 나머지는 모두 저축해야지.

현금 를 조금만 가지고 다니면서 돈을 아끼는 습관 을 들이려고

시험 해 보고 있다. 돈을 모아 올해 안에 새 게임 물품 을 살 수 있게

되기를 바란다 .

193

태풍이 지나간 자리

사고

🎧 mp3

▽ 영어 단어의 뜻을 상상하며 이야기를 읽어 보세요.

며칠 전 **storm** 때문에 **accident**가 많았다. 안타깝게도 여러 사람이 다치고

dead한 사람도 있었다. 부상자 모두 잘 회복하길 **wish**. 옆 동네 건물에

fire도 났다. 사람들은 하던 일을 곧장 **stop**하고 모두 무사히 건물을

나왔다고 한다. 소방관은 화재의 원인을 폭풍으로 인한 전기 문제 때문이라고

guess. 또 다른 **typhoon**은 다행히 우리나라

around를 맴돌다가 옆으로 **pass**.

storm

폭풍

storm

accident

사고

accident

dead

죽은

dead

194

wish

소망하다, 빌다

wish

fire

불

fire

stop

멈추다, 그만두다

stop

guess

추측하다

guess

typhoon

태풍

typhoon

around

주변의

around

pass

지나가다

pass

DAY **74**

지금 몇 시지? 시간

▽ 영어 단어의 뜻을 상상하며 이야기를 읽어 보세요.

time에 대해 알아보자. **second**가 60번 모여서 **one minute**이 되고, 1분

이 60번 모여 **one hour**가 된다. 하루는 24시간이다. 새벽 12시부터 오후 12시

까지를 **a.m.(AM)**이라고 하고, 그 뒤로는 **p.m.(PM)**이라고 한다. 우리가 보통

점심을 먹는 오후 12시는 **noon**이라고 한다. 우리가 꿈나라에 가 있는 밤 12시는

midnight이다. 우리는 과거의 시간을 지나

present를 살면서 **future**가 어떨지 꿈꾼다.

★ '과거'는 영어로 past라고 해요.

time
시간

time

second
초

second

minute
분

minute

196

hour

시

hour

a.m.

오전

a.m.

p.m.

오후

p.m.

noon

정오, 낮 12시

noon

midnight

자정, 밤 12시

midnight

present

현재

present

▶ '선물'이라는 뜻도 있어요.

future

미래

future

세상에는 어떤 나라가 있을까?

사회와 나라

🎧 mp3

▽ 영어 단어의 뜻을 상상하며 이야기를 읽어 보세요.

나는 지구본을 보는 것을 좋아한다. 지구본 위 **world**에는 **many countries**가

있다. 하나의 나라 안에는 사람이 많이 모여 사는 발전된 **city**도 있고, 한적한

countryside도 있다. 각 나라마다 **culture**가 다르다. **chance**가

된다면 다른 나라의 문화를 경험하려고 **try**하고 싶다.

그러면 다른 나라에 대해 배우는 것이

double로 **fun**할 것이다.

여긴 이집트야!

여긴 한국이야!

★ '국가, 나라'를 뜻하는 영어 단어는 country인데 여러 개의 나라를 말하게 되면서 복수가 되었어요.

world 세계	world
many 많은	many
country 나라	country

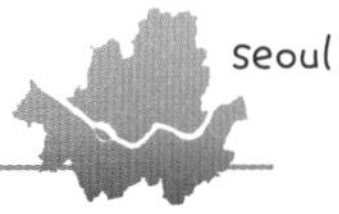

city
city

도시

countryside
countryside

시골

culture
culture

문화

chance
chance

기회

try
try

시도하다, 해 보다

double
double

두 배

x2

fun
fun

재미있는

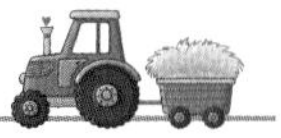

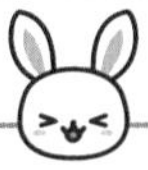

DAY 76 왕이 있는 나라 왕국

▽ 영어 단어의 뜻을 상상하며 이야기를 읽어 보세요.

TV에서 어떤 나라의 왕이 광장에 나와 국민을 만나는 행사를 보여 줬다. **early**
아침부터 광장에는 **crowd**가 모였다. 경찰은 **danger**에 대비해 그 **area**의
교통을 통제하고, 광장의 **condition**을 확인하고, 빨간색 천으로 광장을 **cover**.
머리에 금색 **crown**을 쓰고, 손에는
gloves를 낀 왕이 손을 흔들었다. 왕을 지지하는
loyal 국민들이 **aloud**하게 환영하며
박수를 쳤다.

early
이른

early

crowd
많은 사람들, 군중

crowd

danger
위험

danger

200

area

지역, 구역

area

condition

상태

condition

cover

덮다

cover

crown

왕관

crown

glove

장갑

glove

loyal

충실한, 충성스러운

loyal

aloud

소리 내어, 큰 소리로

aloud

Day 73   태풍이 지나간 자리   ^{사고}

며칠 전 _{폭풍} _____ 때문에 _{사고} _____ 가 많았다. 안타깝게도 여러 사람이

다치고 _{죽은} _____ 사람도 있었다. 부상자 모두 잘 회복하길 _{바란다} _____ . 옆 동네

건물에 _불 _____ 도 났다. 사람들은 하던 일을 곧장 _{멈추고} _____ 모두 무사히

건물을 나왔다고 한다. 소방관은 화재의 원인을 폭풍으로 인한 전기 문제 때문이라고

_{추측했다} _____ . 또 다른 _{태풍} _____ 은 다행히

우리나라 _{주변} _____ 를 맴돌다가 옆으로

_{지나갔다} _____ .

Day 74   지금 몇 시지?   ^{시간}

_{시간} _____ 에 대해 알아보자. _초 _____ 가 60번 모여서 _{1분} _____ 이 되고,

1분이 60번 모여 _{1시간} _____ 가 된다. 하루는 24시간이다. 새벽 12시부터 오후

12시까지를 _{오전} _____ 이라고 하고, 그 뒤로는 _{오후} _____ 라고 한다. 우리가 보통

점심을 먹는 오후 12시는 _{정오} _____ 이라고 한다. 우리가 꿈나라에 가 있는 밤 12시는

_{자정} _____ 이다. 우리는 과거의

시간을 지나 _{현재} _____ 를 살면서

_{미래} _____ 가 어떨지 꿈꾼다.

Day 75 세상에는 어떤 나라가 있을까? ^{사회와 나라}

나는 지구본을 보는 것을 좋아한다. 지구본 위 _{세계} 에는 _{많은}

_{나라} 가 있다. 하나의 나라 안에는 사람이 많이 모여 사는 발전된

_{도시} 도 있고, 한적한 _{시골} 도 있다. 각 나라마다

_{문화} 가 다르다. _{기회} 가 된다면 다른 나라의

문화를 경험하려고 _{시도하고} 싶다. 그러면 다른 나라에

대해 배우는 것이 _{두 배} 로 _{재미있을}

것이다.

Day 76 왕이 있는 나라 ^{왕국}

TV에서 어떤 나라의 왕이 광장에 나와 국민을 만나는 행사를 보여 줬다. _{이른}

아침부터 광장에는 _{많은 사람들} 가 모였다. 경찰은 _{위험} 에 대비해

그 _{지역} 의 교통을 통제하고, 광장의 _{상태} 을 확인하고, 빨간색 천으로

광장을 _{덮었다} . 머리에 금색 _{왕관} 을 쓰고, 손에는 _{장갑} 를

낀 왕이 손을 흔들었다. 왕을 지지하는 _{충실한}

국민들이 _{소리 내어} 환영하며 박수를 쳤다.

DAY 77 회사 잘 다녀오세요 회사 생활

mp3

▽ 영어 단어의 뜻을 상상하며 이야기를 읽어 보세요.

우리 엄마와 아빠는 매일 **company**로 출근한다. **office**에 가면 동료도 있고,

회사를 이끄는 **boss**가 있다. 엄마가 그러는데 팀원끼리 돕지 않으면 되는 일이

nothing이라고 한다. 아빠는 매일 **e-mail**을 **send**하고, 중요한 서류를 **print**

해서 **copy**하고 사람들에게 나눠 주신다고 한다.

우리 부모님은 열심히 **work**하고 회사에서

salary를 받아 우리를 키우신다.

복사해야지

바쁘다 바빠

---

company

회사

company

---

office

사무실

office

---

boss

사장 / 상사

boss

---

nothing
nothing

아무것도 아닌 것, 없음

e-mail
e-mail

이메일; 이메일을 보내다

send
send

보내다

print
print

인쇄하다

copy
copy

복사하다

work
work

일하다

salary
salary

월급

이모의 결혼식 결혼

mp3

▽ 영어 단어의 뜻을 상상하며 이야기를 읽어 보세요.

이모가 **marry**! 이모는 우리 가족을 **wedding**에 **invite**. 결혼식장은 동화에

나오는 **castle**처럼 아름다운 곳이었다. 결혼식이 시작되자 오늘의 주인공 **couple**은

love를 맹세하고 **ring** 을 나눠 끼고 **husband**와 **wife**가 되었다.

그 모습을 보며 할머니는 눈물을 흘리셨다. 행복한 날이니까

joy의 눈물인 것 같다. 이모부가 나중에 용돈을

많이 주셨으면 좋겠다.

marry
결혼하다

marry

wedding
결혼, 결혼식

wedding

invite
초대하다

invite

castle
성

castle

couple
연인, 커플

couple

▶ 그냥 '두 사람'을 뜻하는 말이기도 합니다.

love
사랑; 사랑하다

love

ring
반지

ring

husband
남편

husband

wife
부인

wife

joy
기쁨

joy

지구는 누가 만든 걸까?

mp3

▽ 영어 단어의 뜻을 상상하며 이야기를 읽어 보세요.

가끔 우리가 사는 **earth**와 여러 행성이 있는 **space**를 누가 만들었는지 궁금

하다. 또 **church**에서는 사람이 죽으면 😇 **heaven**에 간다고 하는데

true일까? 천국과 지옥은 어떤 모습일지 알고 싶다. 우리 부모님은 **god**을 **believe**.

하지만 나는 아직 잘 모르겠다. 내가 열심히 **pray** 🙏 를 하면

정말 신이 듣는지 누군가 나에게

tell해 줬으면 좋겠다, **please**!

earth

지구

earth

space

우주

space

church

교회

church

208

heaven
천국

heaven

true
진실인, 사실인

true

god
신

god

believe
믿다

believe

pray
기도

pray

tell
말하다, 이야기하다

tell

please
제발

please

▶ 부탁할 때 쓰는 말이에요.

쓰면서 익혀요

▽ 영어 단어의 뜻을 상상하며 이야기를 읽어 보세요.

mouse

쥐

mouse

frog

개구리

frog

every

모든

every

rabbit

토끼

rabbit

quick

빠른

quick

enough

충분한

enough

point
의견 / 요점

calm
침착한

error
실수, 오류

contest
대회

death
죽음

kill
죽이다

REVIEW 빈 칸에 영어 단어를 써 보세요.

Day 77 회사 잘 다녀오세요 회사 생활

우리 엄마와 아빠는 매일 회사[ ]로 출근한다. 사무실[ ]에 가면 동료도 있고, 회사를 이끄는 사장[ ]가 있다. 엄마가 그러는데 팀원끼리 돕지 않으면 되는 일이 아무것도 없다[ ]이라고 한다. 아빠는 매일 이메일[ ]을 보내고[ ], 중요한 서류를 인쇄해서[ ] 복사하고[ ]하고 사람들에게 나눠 주신다고 한다. 우리 부모님은 열심히 일[ ]하고 회사에서 월급[ ]를 받아 우리를 키우신다.

Day 78 이모의 결혼식 결혼

이모가 결혼을 한다[ ]! 이모는 우리 가족을 결혼식[ ]에 초대했다[ ]. 결혼식장은 동화에 나오는 성[ ]처럼 아름다운 곳이었다. 결혼식이 시작되자 오늘의 주인공 커플[ ]은 사랑[ ]를 맹세하고 반지[ ]을 나눠 끼고 남편[ ]와 부인[ ]가 되었다. 그 모습을 보며 할머니는 눈물을 흘리셨다. 행복한 날이니까 기쁨[ ]의 눈물인 것 같다. 이모부가 나중에 용돈을 많이 주셨으면 좋겠다.

Day 79 지구는 누가 만든 걸까? 종교와 우주

가끔 우리가 사는 지구 와 여러 행성이 있는 우주 를 누가 만들었는지

궁금하다. 또 교회 에서는 사람이 죽으면 천국 에 간다고 하는데

진실 일까? 천국과 지옥은 어떤 모습일지 알고 싶다. 우리 부모님은 신 을

믿는다 . 하지만 나는 아직 잘 모르겠다.

내가 열심히 기도 를 하면 정말 신이 듣는지

누군가 나에게 말해 줬으면 좋겠다,

제발 !

수고했어요!

끝이다!   오예~

213

A

a.m. 오전 197

accent 억양 160

accident 사고 194

across 건너편에 28

act 행동하다 105

active 활동적인 42

add 더하다 181

address 주소 33

adult 성인, 어른 145

adventure 모험 169

advise 충고하다 141

afraid 두려워하는 141

after ~ 후에 125

afternoon 오후 37

again 다시, 또 29

against ~에 대항해서, 반대해서 98

age 나이 33

agree 동의하다, 생각이 같다 89

air 공기 65

airline 항공사 157

airplane 비행기 156

airport 공항 156

alcohol 술 185

all 전부 137

alone 혼자서 147

along ~을 따라서 120

aloud 소리 내어, 큰 소리로 201

already 이미, 벌써 45

also 또한 43

always 항상 42

angel 천사 176

animal 동물 52

answer 대답/정답 89

ant 개미 59

apple 사과 171

area 지역, 구역 201

arm 팔 19

around 주변의 195

arrive 도착하다 108

art 미술/예술 94

ask 묻다 165

aunt 이모/고모 15

B

back 뒤로/돌아서 165

background 배경 99

bad 나쁜 29

bag 가방 75

bake (빵, 과자를) 굽다 131

balance 균형 169

ball 공 124

bank 은행 190

baseball 야구 149

basket 바구니 125

basketball 농구 149

bat 방망이 148

bath 목욕 29

bathroom 화장실, 욕실 45

battle 전투 98

beach 해변 63

bean 콩 136

bear 곰 55

beauty 아름다움 165

because 왜냐하면 121

become ~이 되다 158

bed 침대 49

bedroom 침실 45

bee 벌 59

beef 소고기 129

before ~ 전에, 앞에 157

begin 시작하다 79

behind ~ 뒤에 151

believe 믿다 209

bell 종 70

bench 긴 의자 97

beside ~ 옆에 151

best 최고인 13

between ~ 사이에 107

bicycle 자전거 75

big 큰 119

bill 지폐 177

bird 새 17

birth 탄생, 출생 144

birthday 생일 34

bite (입으로) 베어 물다 134

black 검은색 178

block 블록 125

blond 금발인 105

blood 피 27

blow 불다 125

blue 파란색 179

board 칠판 77

boat 보트, 배 63

body 몸 27

bomb 폭탄 185

bone 뼈 27

book 책 87

boots 장화, 부츠 127

boss 사장/상사 204

both 둘 다, 서로 39

bottle 병 47

bowl (오목한) 그릇 129

boy 소년 145

branch 나뭇가지 57

brand 브랜드, 상표 115

brave 용감한 43

bread 빵 134

break 부러지다, 망가지다 38

breakfast 아침 식사 134

bridge 다리 168

bright 밝은 93

bring 가지고 오다 184

brother 남자 형제 13

brown 갈색 179

brush 붓 95

bubble 비눗방울 125

budget 예산 191

build 건물을 짓다 165

burn 타다, 태우다 131

business 사업 159

busy 바쁜 180

buy 사다 35

bye 안녕 37

C

cage (동물의) 우리, 새장 53

calendar 달력 66

call 전화하다 39

calm 침착한 211

can ~할 수 있다 99

candy 사탕 79

cap 야구 모자 115

captain 선장 109

car 자동차 109

care 돌보다 15

carrot 당근 129

carry 가지고 가다 181

cart 물건을 담는 수레 181

case 경우, 예시 88

cash 현금 191

castle 성 207

cat 고양이 17

catch 잡다 28

chain (쇠)사슬 175

chair 의자 77

chance 기회 199

change 바꾸다 43

check 확인하다 167

cheek 볼, 뺨 18

child 아이, 어린이 145

children 아이들 15

chin 턱 19

choose 선택하다 74

chopsticks 젓가락 47

church 교회 208

cigarette 담배 185

city 도시 199

class 반/수업 36

classroom 교실 77

clean 깨끗한 93

clear 명확한, 확실한 99

clever 영리한 59

climb 오르다 97

clock 벽시계 79

close 닫다, 다물다 22

clothes 옷 126

cloud 구름 65

club 클럽, 동아리 99

coin 동전 176

cold 추운 73

collect 모으다, 수집하다 177

color 색깔 178

come 오다 139

company 회사 204

concert 콘서트, 공연 121

condition 상태 201

congratulate 축하하다 35

contest 대회 211

cook 요리사; 요리하다 128

cookie 쿠키 130

copy 복사하다 205

corner 모퉁이 180

cotton 면, 목화 115

count 세다 186

country 나라 198

countryside 시골 199

couple 연인, 커플 207

cousin 사촌 15

cover 덮다 201

cow 소 58

crazy 미친 175

creator 창작자 159

crowd 많은 사람들, 군중 200

crown 왕관 201

cry 울다 39

cucumber 오이 136

culture 문화 199

curious 궁금한 159

curtain 커튼 49

customer 고객 115

cut 자르다 171

cute 귀여운 24

D

dance 춤; 춤을 추다 121

danger 위험 200

dark 어두운 93

date 날짜 66

daughter 딸 13

day 낮, 하루 65

dead 죽은 194

death 죽음 211

debate 토론 89

decide 결심하다 39

deep 깊은 62

delicious 맛있는 135

dentist 치과/치과의사 22

design 디자인 74

desk 책상 77

dialogue 대화 161

diary 일기 105

die 죽다 176

different 다른 43

difficult 어려운 87

dinner 저녁 식사 135

dirty 더러운 93

discuss 논의하다, 토론하다 89

dish 접시 46

dive 뛰어들다, 다이빙하다 63

divide 나누다 88

do 하다 184

doctor 의사 166

dog 개 16

doll 인형 125

dolphin 돌고래 63

door 문 45

double 두 배 199

down 아래쪽으로 107

draw 그리다 95

dream 꿈 174

drink 마시다 167

drive 운전하다 109

drop 떨어뜨리다 38

dry 건조한, 마른 73

duck 오리 58

during ~ 동안 105

E

ear 귀 18

early 이른 200

earth 지구 208

east 동쪽 107

easy 쉬운 87

eat 먹다 135

egg 달걀 131

eight 여덟, 팔 188

elementary school 초등학교 76

elephant 코끼리 55

e-mail 이메일; 이메일을 보내다 205

engine 엔진 85

engineer 엔지니어, 기술자 159

English 영어 83

enough 충분한 210

enter 들어가다 139

eraser 지우개 79

error 실수, 오류 211

evening 저녁 37

every 모든 210

everyone 모두, 모든 사람 89

exam 시험 86

example 예시, 예 146

exercise 운동; 운동하다 148

exit 비상구 85

eyebrow 눈썹 19

eyes 눈 23

F

face 얼굴 18

factory 공장 84

fail 실패하다 131

fall 떨어지다 169

family 가족 12

famous 유명한 34

fan 팬 35

fantastic 환상적인, 멋진 119

farm 농장 56

fast 빨리; 빠른 103

fat 살이 찐 25

father/dad 아버지/아빠 12

favorite 좋아하는 82

feel 느끼다 116

fever 열 166

field trip 견학, 현장학습 84

fifty 쉰, 오십 189

fight 싸움 39

fill 채우다 177

find 찾다, 발견하다 168

fine 좋은, 괜찮은 121

finger 손가락 27

fire 불 195

fish 물고기 63

five 다섯, 오 187

fix 고치다 159

flag 깃발 103

floor 바닥 17

flower 꽃 59

fly 날다 157

fog 안개 73

food 음식 136

fool 바보 185

foot 발(한 쪽) 27

football 미식축구 150

forehead 이마 19

forest 숲 57

forever 영원히 177

forget 잊어버리다 139

forty 마흔, 사십 189

four 넷, 사 187

fox 여우 55

free 공짜인 115

fresh 신선한, 상쾌한 57

Friday 금요일 69

friend 친구 32

frog 개구리 210

from ~로부터 160

front 앞, 앞쪽 169

fruit 과일 170

fry 튀기다/볶다/부치다 129

full 배부른/가득 찬 135

fun 재미있는 199

future 미래 197

G

game 운동 경기, 게임 151

garden 정원 49

gate 문, 출입구 157

gentleman 신사 147

gesture 몸짓 167

get 얻다, 받다 115

giant 거인 155

gift 선물 34

giraffe 기린 55

girl 소녀 145

give 주다 35

glad 기쁜 73

glass 유리잔 177

glasses 안경 38

glove 장갑 201

glue 풀, 접착제 79

go 가다 75

goal 골, 득점/목표 149

goat 염소 59

god 신 209

gold 황금색 179

goldfish 금붕어 16

good 좋은 36

grade 학년/등급 76

grandfather 할아버지 14

grandmother 할머니 14

grape 포도 171

grass 풀 55

gray 회색 179

great 정말 좋은, 멋진 29

green 초록색 179

ground 땅 53

grow 자라다 145

guess 추측하다 195

guest 손님 138

guide 안내하다 85

H

habit 습관 191

hair 머리카락 19

hand 손 26

handsome 잘생긴 24

hang 매달리다/걸다 49

happy 행복한 155

hard 딱딱한 117

hat 모자 130

hate 싫어하다 137

have 가지고 있다 126

he 그(는), 그가 165

head 머리 19

headache 두통 166

hear 듣다 117

heart 심장 27

heat 열, 열기 73

heaven 천국 209

heavy 무거운 117

helicopter 헬리콥터 109

hello 안녕 37

help 돕다 175

here 여기에 54

hero 영웅 155

hi 안녕 37

high 높게; 높은 157

hill 언덕 44

history 역사 83

hit 치다 148

hobby 취미 118

hold 잡다, 버티다 117

holiday 공휴일, 휴일 67

home 집, 가정 138

homework 숙제 98

honest 솔직한 141

honey 꿀 59

hope 희망하다, 바라다 191

horse 말 35

hospital 병원 167

hot 더운, 뜨거운 73

hour 시 197

house 집 44

however 그러나, 하지만 100

human 인간, 사람 144

humor 유머 161

hundred 백 189

hungry 배고픈 29

hunt 사냥하다/뒤쫓다 175

hurry 서두르다 75

hurt 다치다/아프다 26

husband 남편 207

I

I 나(는), 내가 32

ice 얼음 47

idea 생각, 의견 89

if 만약 ~하면 75

important 중요한 89

in ~ 안에, 안으로 107

inside 안으로, 안에 45

introduce 소개하다 33

invite 초대하다 206

it 그것(은), 그것이 137

item 물품 191

J

jaw 턱 23

jeans 청바지 127

job 직업 158

join 가입하다 99

joy 기쁨 207

jump 점프하다 97

just 그냥, 단지 169

K

key 열쇠 168

kick 차다 97

kid 아이, 어린이 141

kill 죽이다 211

kind 친절한 43

king 왕 154

kingdom 왕국 154

kitchen 부엌 128

knife 칼 47

know 알다 99

L

lady 숙녀 147

lake 호수 57

land 땅, 토지 64

large 큰 94

last 마지막인 121

late 늦은 75

lazy 게으른 43

learn 배우다 83

leaves 나뭇잎 57

left 왼쪽 93

leg 다리 27

letter 편지 35

library 도서관 86

lie 거짓말 140

life 인생, 삶 147

light 불, 전등 138

like 좋아하다 170

line 줄 181

lion 사자 53

lip 입술 22

little 작은 53

live 살다 33

living room 거실 45

long 긴 54

lose 잃다 169

love 사랑; 사랑하다 207

low 낮게; 낮은 157

loyal 충실한, 충성스러운 201

luck 행운, 운 188

lunch 점심 식사 135

M

machine 기계 84

mad 화가 난 140

make 만들다 130

man 남자 145

many 많은 198

map 지도 164

marry 결혼하다 206

math 수학 82

meat 고기 129

meet 만나다 37

memory 기억/추억 151

menu 메뉴 128

middle 가운데 106

midnight 자정, 밤 12시 197

milk 우유 131

mind 마음, 정신 103

minute 분 196

mirror 거울 49

miss 그리워하다 121

mistake 실수 175

Monday 월요일 68

money 돈 191

monkey 원숭이 53

monster 괴물 174

month 달 67

moon 달 65

morning 아침 36

mother/mom 어머니/엄마 13

mountain 산 56

mouse 쥐 210

mouth 입 23

move 움직이다 96

movie 영화 118

much 훨씬, 매우 137

museum 박물관, 미술관 104

music 음악 83

must ~해야 한다 157

N

name 이름 32

nap 낮잠 53

nature 자연 95

near 근처에 33

neck 목 26

need 필요로 하다 175

nephew 남자 조카 15

New Year 새해 67

new 새로운 28

newspaper 신문 175

next 다음에 139

nice 좋은 37

niece 여자 조카 15

night 밤 65

nine 아홉, 구 189

no 아니요 92

noon 정오, 낮 12시 197

north 북쪽 106

nose 코 12

notebook 공책 78

nothing 아무것도 아닌 것, 없음 205

novel 소설 119

now 지금 159

number 숫자 186

nurse 간호사 167

O

ocean 대양, 바다 63

office 사무실 204

often 자주, 종종 119

oil 기름, 석유 64

on ~위에 95

one 하나, 일 187

onion 양파 137

open 열다, 벌리다 23

out ~ 밖에, 밖으로 107

P

p.m. 오후 197

paint 물감으로 그리다, 색칠하다 95

palace 궁전 155

pants 바지 127

paper 종이 94

parents 부모(님) 13

park 공원 17

part 부분 87

pass 지나가다 195

pay 돈을 내다 181

peace 평화 39

pear 배 171

pencil case 필통 78

pencil 연필 79

people 사람들 144

pet 반려동물 16

pick 고르다, 뽑다 115

picnic 소풍 52

picture 그림/사진 95

pig 돼지 58

place 공간, 장소 49

plan 계획 104

play 놀다/운동을 하다 124

please 제발 209

pocket 주머니 47

point 의견/요점 211

police 경찰 158

poor 가난한 93

potato 감자 181

power 힘 174

pray 기도 209

present 현재 197

pretty 예쁜 24

prince 왕자 155

princess 공주 155

print 인쇄하다 205

prize 상 102

problem 문제 83

puppy 강아지 17

put 놓다 137

puzzle 퍼즐 125

Q

queen 여왕 154

question 질문/문제 87

quick 빠른 210

quiet 조용한 42

R

rabbit 토끼 210

race 경주 102

rain 비 72

rainbow 무지개 131

read 읽다 119

ready 준비가 된 103

red 빨간색 179

remember 기억하다 177

restaurant 식당 119

restroom 화장실 151

return 돌아가다 75

rich 부자인 92

right 오른쪽 93

ring 반지 207

river 강 62

road 도로 109

rock 바위 117

roof 지붕 44

room 방 48

rule 규칙 184

run 달리다, 뛰다 96

S

sad 슬픈 141

safe 안전한 85

salary 월급 205

sale 할인 114

salt 소금 129

same 같은 161

sand 모래 63

Saturday 토요일 69

save 저축하다, 저금하다 190

say 말하다 160

science 과학 85

scissors 가위 79

score 득점, 점수 149

sea 바다 62

search 찾다, 검색하다 99

second 초 196

see 보다 150

sell 팔다 185

send 보내다 205

seven 일곱, 칠 188

she 그녀(는), 그녀가 161

sheep 양 56

ship 배 109

shock 충격 140

shoes 신발 127

shop 가게 114

short 키가 작은/짧은 25

show 보여 주다 177

shy 수줍은, 내성적인 43

sick 아픈 167

sing 노래하다 120

singer 가수 120

single 하나인, 한 사람인 187

sister 여자 형제 13

sit 앉다 97

six 여섯, 육 187

size 사이즈, 크기 48

sketch 밑그림을 그리다 95

skin 피부 19

skirt 치마 126

sky 하늘 65

sleep 자다 167

slow 느린 103

small 작은 118

smart 똑똑한 105

smell 냄새 117

smile 미소 짓다, 방긋 웃다 105

snow 눈 73

soccer 축구 149

socks 양말 127

soft 부드러운 116

some 어떤, 몇 몇 87

son 아들 13

song 노래 83

sorry 미안해하는 141

sound 소리 117

sour 시큼한, 신맛의 135

south 남쪽 106

space 우주 208

speed 속도 103

spoon 숟가락 47

staff 직원 85

stand 서다 97

start 출발하다 103

stay 머무르다, 묵다 48

stone 돌 57

stop 멈추다, 그만두다 195

store 가게 180

storm 폭풍 194

story 이야기 161

strawberry 딸기 171

street 거리 165

stress 스트레스 141

student 학생 77

study 공부하다 86

subject 과목 82

subway 지하철 109

sugar 설탕 131

sun 태양, 해 64

Sunday 일요일 69

swim 수영하다 149

T

table 식탁 46

tail 꼬리 17

take (탈것을) 타다, 잡다 108

talk 말하다, 수다를 떨다 105

tall 키가 큰 25

taste (어떤) 맛이 나다 135

teach 가르치다 77

teacher 선생님 77

tears 눈물 121

teen 십대인 146

teeth 이, 치아 23

telephone 전화 146

tell 말하다, 이야기하다 209

ten 열, 십 189

test 시험; 시험하다 191

textbook 교과서 70

than ~보다 67

thank 고마워하다 35

that 저것(은), 저것이, 저 171

they 그들(은), 그들이 15

thin 마른 26

think 생각하다 25

thirsty 목마른 29

thirty 서른, 삼십 189

this 이것(은). 이것이, 이 170

three 셋, 삼 187

throw 던지다 149

Thursday 목요일 69

tiger 호랑이 53

time 시간 196

today 오늘 66

together 함께 39

tomorrow 내일 67

tongue 혀 23

tonight 오늘 밤 69

too 너무 29

top 꼭대기, 제일 위 97

topic 주제 88

touch (손으로) 만지다 116

tour 관광/견학 85

tower 타워, 탑 164

town 도시, 마을 151

toy 장난감 124

train 기차 108

travel 여행; 여행하다 156

tree 나무 57

true 진실인, 사실인 209

truth 진실 185

try 시도하다, 해 보다 199

t-shirt 티셔츠 127

Tuesday 화요일 68

turn 돌다, 방향을 돌리다 96

tutoring 과외, 개인교습 83

twenty 스물, 이십 189

twice 두 번 151

two 둘, 이 187

type 유형, 종류 147

typhoon 태풍 195

U

ugly 못생긴 25

umbrella 우산 72

uncle 삼촌 14

under 아래에 54

understand 이해하다 161

up 위쪽으로 107

use 사용하다 147

usually 보통 137

V

vacation 방학/휴가 104

vegetable 채소 129

very 매우 119

visit 방문하다 139

voice 목소리 23

W

wait 기다리다 181

walk 걷다/산책하다 17

wall 벽 45

want 원하다 139

war 전쟁 155

warm 따뜻한 47

wash 씻다 74

watch 손목시계 114

water 물 46

watermelon 수박 171

way 길 164

we 우리(는), 우리가 139

wear 입다 127

weather 날씨 72

wedding 결혼, 결혼식 206

Wednesday 수요일 69

week 주 68

weekend 주말 69

weight (몸)무게 25

welcome 환영하다 147

west 서쪽 107

wet 젖은 169

where 어디에 33

white 흰색 178

wife 부인 207

win 이기다 102

wind 바람 65

window 창문 49

wish 소망하다, 빌다 195

with ~와 함께 150

wolf 늑대 55

woman 여자 145

wood 나무, 목재 59

word 단어 161

work 일하다 205

world 세계 198

worry 걱정; 걱정하다 87

write 쓰다 159

wrong 잘못된 165

Y

year 연, 해 67

yellow 노란색 179

yes 네 92

yesterday 어제 67

you 너(는), 네가 33

young 어린, 젊은 185

Z

zebra 얼룩말 55

zero 영, 0 186

zoo 동물원 52